Die Pauschalbesteuerung im Investmentsteuerrecht

Lizenz zum Wissen.

Sichern Sie sich umfassendes Wirtschaftswissen mit Sofortzugriff auf tausende Fachbücher und Fachzeitschriften aus den Bereichen: Management, Finance & Controlling, Business IT, Marketing, Public Relations, Vertrieb und Banking.

Exklusiv für Leser von Springer-Fachbüchern: Testen Sie Springer für Professionals 30 Tage unverbindlich. Nutzen Sie dazu im Bestellverlauf Ihren persönlichen Aktionscode C0005407 auf www.springerprofessional.de/buchkunden/

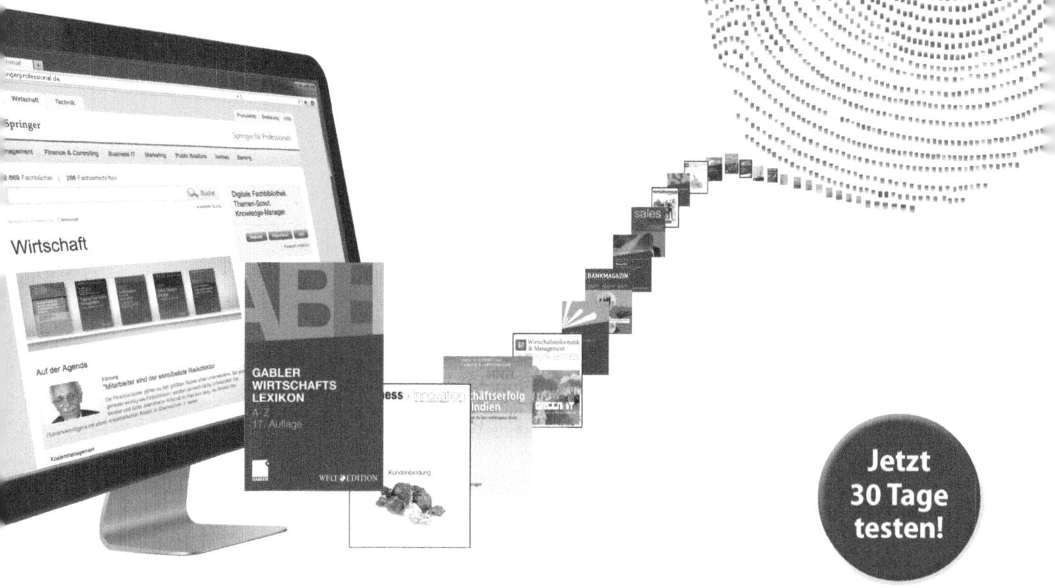

Jetzt 30 Tage testen!

Springer für Professionals.
Digitale Fachbibliothek. Themen-Scout. Knowledge-Manager.
- Zugriff auf tausende von Fachbüchern und Fachzeitschriften
- Selektion, Komprimierung und Verknüpfung relevanter Themen durch Fachredaktionen
- Tools zur persönlichen Wissensorganisation und Vernetzung

www.entschieden-intelligenter.de

Springer für Professionals

Johannes Höring

Die Pauschalbesteuerung im Investmentsteuerrecht

EuGH-Rechtsprechung in der Praxis

Johannes Höring
Trier, Deutschland

ISBN 978-3-658-12485-4 ISBN 978-3-658-12486-1 (eBook)
DOI 10.1007/978-3-658-12486-1

Die Deutsche Nationalbibliothek verzeichnet diese Publikation in der Deutschen Nationalbibliografie; detaillierte bibliografische Daten sind im Internet über http://dnb.d-nb.de abrufbar.

Springer Gabler
© Springer Fachmedien Wiesbaden 2016
Das Werk einschließlich aller seiner Teile ist urheberrechtlich geschützt. Jede Verwertung, die nicht ausdrücklich vom Urheberrechtsgesetz zugelassen ist, bedarf der vorherigen Zustimmung des Verlags. Das gilt insbesondere für Vervielfältigungen, Bearbeitungen, Übersetzungen, Mikroverfilmungen und die Einspeicherung und Verarbeitung in elektronischen Systemen.
Die Wiedergabe von Gebrauchsnamen, Handelsnamen, Warenbezeichnungen usw. in diesem Werk berechtigt auch ohne besondere Kennzeichnung nicht zu der Annahme, dass solche Namen im Sinne der Warenzeichen- und Markenschutz-Gesetzgebung als frei zu betrachten wären und daher von jedermann benutzt werden dürften.
Der Verlag, die Autoren und die Herausgeber gehen davon aus, dass die Angaben und Informationen in diesem Werk zum Zeitpunkt der Veröffentlichung vollständig und korrekt sind. Weder der Verlag noch die Autoren oder die Herausgeber übernehmen, ausdrücklich oder implizit, Gewähr für den Inhalt des Werkes, etwaige Fehler oder Äußerungen.

Gedruckt auf säurefreiem und chlorfrei gebleichtem Papier.

Springer Fachmedien Wiesbaden ist Teil der Fachverlagsgruppe Springer Science+Business Media
(www.springer.com)

Vorwort

„Wer hofft, dass es eine Steuer ohne Fehler gibt, hofft auf etwas, was es nie gab, nicht ist, und nie sein wird." – **Alexander Pope**, englischer Schriftsteller (geboren am 21. Mai 1688, gestorben am 30. Mai 1744)

Innovationen und Erfolgsdruck von Kreditinstituten, Fondssponsoren, Fondsgesellschaften sowie von Rechts- und Steuerberatern und die immer weiter voranschreitende Globalisierung der Finanzmärkte haben in einer Komplexität der Produktpalette im Bereich der Investmentfonds resultiert, die kaum noch – selbst für den Fachkundigen – zu durchschauen ist. Oftmals waren diese neuen Produkte rein steuerlich getrieben.

Das Investmentsteuerrecht ist im deutschen Steuerrecht gewiss nicht mit höchster, aber mit erheblicher Komplexität unterlegt und hat seit Jahren für viel Verwirrung und Rechtsunsicherheit gesorgt.

Das vorliegende Praxishandbuch bietet vor diesem Hintergrund auf Basis des geltenden Rechts und unter besonderer Berücksichtigung der höchstrichterlichen Rechtsprechung des Europäischen Gerichtshofs (EuGH) eine praxisbezogene Erläuterung der Grundsätze der Pauschalbesteuerung im Investmentsteuerrecht.

Dieses Werk berücksichtigt den Rechtsstand bis einschließlich 31. Dezember 2015. Die wesentlichen Änderungen, welche das Investmentsteuerrecht tangieren, sowie ergangene Entscheidungen, aktuelle (auch öffentlich nicht zugängliche) Verwaltungsvorschriften und veröffentlichte Literatur wurden dabei berücksichtigt.

Ich bedanke mich beim Springer Gabler Verlag und dem Lektor im Lektorat Steuern, Finanzen, Banken und Controlling, Herrn Notthoff, sowie der Verlagsbereichsleitung, Direktor Wirtschaft, Herrn Funk, für die freundliche Unterstützung und Geduld bei der Finalisierung des Buches. Ich bin für Anregungen, Hinweise und konstruktive Kritik aus dem Leserkreis stets dankbar.

Trier im Dezember 2015   Johannes Höring

Abkürzungsverzeichnis

a. A.	andere Auffassung
Abl.	Amtsblatt der EU
Abs.	Absatz
a. F.	alte Fassung
Alt.	Alternative
Aufl.	Auflage
AuslInvestmG	Auslands-Investmentgesetz
BaFin	Bundesanstalt für Finanzdienstleistungsaufsicht
BB	Betriebs-Berater (Zeitschrift)
Bd.	Band
Bearb.	Bearbeiter
BFH	Bundesfinanzhof
BGBl	Bundesgesetzblatt
BR	Bundesrat
BStBl	Bundessteuerblatt
BT	Bundestag
BVerfG	Bundesverfassungsgericht
BZSt	Bundeszentralamt für Steuern
bzw.	beziehungsweise
DB	Der Betrieb (Zeitschrift)
DBA	Doppelbesteuerungsabkommen
d. h.	das heißt
Drs.	Drucksache
DStR	Deutsches Steuerrecht (Zeitschrift)
DStZ	Deutsche Steuer-Zeitung (Zeitschrift)
EFG	Entscheidungen der Finanzgerichte (Zeitschrift)
EG	Europäische Gemeinschaft
EStG	Einkommensteuergesetz

EU	Europäische Union
EuGH	Europäischer Gerichtshof
EuZW	Europäische Zeitschrift für Wirtschaftsrecht (Zeitschrift)
EWG	Europäische Wirtschaftsgemeinschaft
f.	folgend
ff.	und folgende
FG	Finanzgericht
FR	Finanzrundschau – Ertragsteuerrecht (Zeitschrift)
GewStG	Gewerbesteuergesetz
ggf.	gegebenenfalls
GmbH	Gesellschaft mit beschränkter Haftung
GStB	Gestaltende Steuerberatung (Zeitschrift)
HGB	Handelsgesetzbuch
h. M.	herrschende Meinung
Hrsg.	Herausgeber
i. d. R.	in der Regel
InvG	Investmentgesetz
InvModG	Investmentmodernisierungsgesetz
InvStG	Investmentsteuergesetz
i. S. d.	im Sinne des
ISR	Internationales Steuerrecht (Zeitschrift)
IStR	Internationales Steuerrecht (Zeitschrift)
i. V. m.	in Verbindung mit
KAGB	Kapitalanlagegesetzbuch
KAGG	Kapitalanlagegesellschaftsgesetz
KG	Kommanditgesellschaft
KStG	Körperschaftsteuergesetz
Lfg.	Lieferung
NJW	Neue Juristische Wochenschrift (Zeitschrift)
Nr.	Nummer
n. v.	nicht veröffentlicht
NWB	Neue Wirtschafts-Briefe, Steuer- und Wirtschaftsrecht (Zeitschrift)
NWB-EV	Neue Wirtschafts-Briefe, Erben und Vermögen (Zeitschrift)
OFD	Oberfinanzdirektion
PIStB	Praxis Internationale Steuerberatung (Zeitschrift)
RdF	Recht der Finanzinstrumente (Zeitschrift)
Rdnr.	Randnummer
RIW	Recht der Internationalen Wirtschaft (Zeitschrift)
RL	Richtlinie

Rs.	Rechtssache
S.	Seite
Stbg	Die Steuerberatung (Zeitschrift)
StBp	Die steuerliche Betriebsprüfung (Zeitschrift)
StBW	Steuerberater-Woche (Zeitschrift)
StC	SteuerConsultant (Zeitschrift)
SWI	Steuer und Wirtschaft International (Zeitschrift)
sog.	sogenannt
u. a.	unter anderem
v.	vom
vgl.	vergleiche
WM	Wertpapier Mitteilungen
Z.	Randziffer
z. B.	zum Beispiel

Inhaltsverzeichnis

1	**Einleitung**		1
	1.1 Allgemeines		1
	1.2 Gegenstand des Buches		4
	Literatur		4
2	**Die rechtlichen Grundlagen der Pauschalbesteuerung**		7
	2.1 Allgemeines		7
	2.2 Transparente Besteuerung		8
	2.3 Semi-transparente Besteuerung		9
	2.4 Intransparente Besteuerung nach § 6 InvStG		10
	2.5 Besteuerung sogenannter „schwarzer Fonds" nach § 18 Abs. 3 AuslInvestmG		14
	Literatur		15
3	**Das Urteil des EuGH vom 9. Oktober 2014 in der Rs. C-326/12, Rita und Patrick van Caster**		17
	3.1 Allgemeines		17
	3.2 Rechtsprechung der Finanzgerichte und Vorlage zum EuGH		19
	3.3 Entscheidung des EuGH		24
		3.3.1 Vorbemerkung des EuGH	24
		3.3.2 Inhalt des Urteils	25
	3.4 Auswirkungen der Entscheidung des EuGH		27
		3.4.1 Auswirkungen auf den Anleger	27
		3.4.2 Auswirkungen auf Aktiengewinn und Zwischengewinn	29
	3.5 Reaktionen der Finanzverwaltung		29
	3.6 Kritik		34
	Literatur		38

4	**Das Verfahren des EuGH in der Rs. C-560/13, Wagner-Raith** . . .	41
	4.1 Allgemeines	41
	4.2 Inhalt	43
	4.3 Schlussantrag des Generalanwalts des EuGH	47
	4.4 Auswirkungen des Antrages des Generalanwaltes (und Entscheidung des EuGH)	48
	4.4.1 Auswirkungen des Antrages des Generalanwaltes (und Entscheidung des EuGH)	48
	4.4.2 Auswirkungen für die Praxis	49
	4.5 Reaktionen der Finanzverwaltung	50
	4.6 Entscheidung des BFH	53
	4.7 Kritik	55
	Literatur	60
5	**Fazit**	63
	Literatur	65

Einleitung 1

1.1 Allgemeines

Allein schon der Terminus „intransparente Investmentfonds" suggeriert bereits keine Anlage, die Vertrauen beim Investor erweckt. Investoren erwarten und legen heute Wert auf größtmögliche Transparenz, immerhin möchte ein Investor wissen, wie und wo sein Geld investiert ist und vor allem, wie die Besteuerung erfolgt. Der Begriff des intransparenten Investmentfonds ist kein Schlagwort, sondern beschreibt eine Konzeption im deutschen Investmentsteuerrecht, welches sich von sogenannten „transparenten Fonds" deutlich abgrenzt.[1]

Die Europäische Union (EU) mit ihren derzeit 28 Mitgliedstaaten repräsentiert einen mehr oder weniger einheitlichen Wirtschaftsraum mit über 500 Millionen potenziellen Investoren. Innerhalb der EU ist es erlaubt, einen in einem Mitgliedstaat zum öffentlichen Vertrieb zugelassenen Investmentfonds mit niedrigen aufsichtsrechtlichen Hürden zu vertreiben.[2]

Insgesamt stechen in Europa insbesondere drei Jurisdiktionen hervor, in denen der öffentliche Vertrieb von ausländischen Investmentfonds am weitesten verbreitet ist. Dabei handelt es sich in erster Linie um Deutschland, Österreich und die Schweiz. So investieren deutsche Investoren zunehmend in entsprechende ausländische Vehikel – bevorzugt über Plattformen aus Luxemburg und Irland. Hierbei teilen alle ausländischen Beteiligten, die Investmentfonds an deutsche Investoren vertreiben, ein gemeinsames Schicksal mit den in Deutschland domizilierten Fonds.

Wer Investmentfonds an deutsche Investoren erfolgreich vertreiben will, muss sich mit den mehr als komplizierten Vorschriften des deutschen Investmentsteuergesetzes (InvStG) auseinandersetzen, soweit es sich um einen Investmentfonds im

---

[1] Siehe *Kreft* in *Moritz/Jesch*, InvStG, § 6, Rdnr. 3.
[2] Vgl. *Höring*, Investmentrecht, § 10, Rdnr. 20 ff.

Sinne des InvStG handelt.[3] Die Vorschriften des deutschen Steuerreportings, hier vor allem die der §§ 5, 6 InvStG, gelten sowohl für inländische deutsche Investmentvermögen als auch gleichermaßen für ausländische Investmentvermögen. Hierbei ist wichtig zu wissen, dass der deutsche Gesetzgeber – wie die meisten europäischen Jurisdiktionen – entschieden hat (vorbehaltlich der Änderungen durch die Investmentsteuerreform für 2018), den Investmentfonds selbst nicht der Besteuerung zu unterwerfen. Die steuerlichen Konsequenzen sind stattdessen auf der Investorenebene sicherzustellen. Investmentfonds, die nicht in vollem Umfang die Anforderungen an das Steuerreporting erfüllen, weil sie beispielsweise nicht form- und/oder fristgerecht den Ermittlungs- und Veröffentlichungsfristen nachkommen, erfahren einen nicht zu unterschätzenden Vertriebsnachteil. Der deutsche Gesetzgeber führt diese Vehikel auf der Investorenebene einer empfindlichen Strafbesteuerung zu, derzeit noch ohne den – in der Regel – oftmals ahnungslosen Investor zu kriminalisieren.

Das InvStG unterscheidet im Wesentlichen zwischen sogenannten „transparenten Investmentfonds" (Nachweis der Besteuerungsgrundlagen, vgl. § 5 InvStG) und sogenannten „intransparenten Investmentfonds" (kein Nachweis der Besteuerungsgrundlagen, vgl. § 6 InvStG). Der jeweilige Status des Vehikels ist dabei an bestimmte Nachweis- und Veröffentlichungspflichten geknüpft. In dieser Hinsicht hat der deutsche Gesetzgeber die Anforderungen an in- und ausländische Investmentfonds gleichgestellt.

Es gilt festzuhalten, dass nur ein zertifizierter transparenter ausländischer Investmentfonds (das heißt, die Berufsträgerbescheinigung zum Nachweis der Besteuerungsgrundlagen nach § 5 InvStG liegt vor) den größtmöglichen steuerlichen Vorteil für die deutschen Investoren sicherstellt, und somit ein größeres Vertriebspotenzial bei deutschen Investoren hat.

Als erster wichtiger Ausgangspunkt lässt sich konstatieren, dass nur vollumfänglich transparente ausländische Investmentfonds für deutsche Investoren in Frage kommen, sofern sie keine steuerlichen Nachteile in Kauf nehmen wollen. Ausländische Fondsanbieter mit Vertriebsfokus auf dem deutschen Markt stehen insofern unter Druck. Des Weiteren investieren transparente ausländische Dachfonds mit Vertriebsschwerpunkt auf dem deutschen Markt meist ausschließlich in

---

[3] Zu den Anforderungen eines Investmentfonds nach dem aktuellen InvStG siehe auch *Höring*, DStZ 2014, 491 ff.; *Höring*, StC 12-2013, 19 ff.; *Höring*, GStB 2013, 373 ff. und *Haase/Dorn*, Investmentsteuerrecht, S. 64 ff.: Die Besteuerung des Investmentvermögens geht auf die konzeptionelle Unterscheidung von steuerlich privilegierten Investmentfonds und Investitionsgesellschaften sowie die Erfüllung von § 1 Abs. 1b InvStG zurück.

1.1 Allgemeines

transparente Zielfonds. Unter Umständen kann dies die Vertriebschancen der dem Dachfonds unterliegenden Einzelfonds in Deutschland deutlich verbessern.

Im Zuge der Einführung des InvStG am 15. Dezember 2003 hat der Gesetzgeber mit § 6 InvStG eine Regelung zur fiktiven Feststellung der Einkünfte aus Beteiligungen an ausländischen Investmentfonds geschaffen.[4]

Dies gilt für alle Fälle, in denen der Fonds nicht die tatsächlichen Einkünfte des Anlegers im Bundesanzeiger veröffentlicht. Die Vorschrift regelt die Folgen für den Anleger, wenn die in § 5 Abs. 1 InvStG genannten Voraussetzungen nicht erfüllt sind. Die Regelung ist der Besteuerung der Erträge aus sogenannten „schwarzen Fonds" nach § 18 Abs. 3 Auslandsinvestmentgesetz (AuslInvestmG) nachgebildet, aber wesentlich abgemildert.[5]

Die Einkunftsermittlung sollte derart erfolgen, dass 70 Prozent der Wertveränderung des Fondsanteils eines Jahres zuzüglich eines eventuellen Zwischengewinns als Ertrag angesetzt werden. Mindestens werden jedoch immer sechs Prozent des Rücknahmepreises je Fondsanteil zum Ende des Jahres als Ertrag angesetzt. Damit kommt es zu einer Besteuerung von „Erträgen", die in der Regel gar nicht angefallen sind. Problematisch hieran ist, dass der Steuerpflichtige keine Möglichkeit hat, die tatsächlich niedrigeren Erträge nachzuweisen. Die Bestimmung des § 6 InvStG führt somit zu einer Übermaßbesteuerung.[6]

Hinsichtlich dieser Pauschalbesteuerung bei intransparenten Investmentfonds im deutschen Investmentsteuerrecht soll diese Frage Gegenstand des vorliegenden Buches sein. Die Untersuchung und Auseinandersetzung des Themas der Pauschalbesteuerung im Investmentsteuerrecht erfolgt mit Fokus auf das EuGH-Urteil vom 9. Oktober 2014 in der Rs. C-326/12, Rita und Patrick van Caster, sowie unter besonderer Berücksichtigung des Antrages des Generalanwaltes im EuGH-Verfahren in der Rs. C-560/13, Wagner-Raith[7], dem das EuGH in seinem Urteil für

---

[4] Siehe Gesetz zur Modernisierung des Investmentwesens und zur Besteuerung von Investmentvermögen (Investmentmodernisierungsgesetz, InvModG) vom 15. Dezember 2003, BGBl I 2003, 2676, 2727.
[5] Siehe *Hagen/Groseta/Hackemann/Schilling* in *Baur/Tappen*, Investmentgesetze, Bd. 2, § 6 InvStG, Rdnr. 1; Begründung zum Gesetz zur Modernisierung des Investmentwesens und zur Besteuerung von Investmentvermögen (Investmentmodernisierungsgesetz, InvModG), BT-Drs. 15/1553 vom 19.09.2003, S. 125.
[6] Siehe *Hagen/Groseta/Hackemann/Schilling* in *Baur/Tappen*, Investmentgesetze, Bd. 2, § 6 InvStG, Rdnr. 7; *Kreft* in *Moritz/Jesch*, InvStG, § 6, Rdnr. 7; vgl. Urteil des FG Berlin-Brandenburg vom 23.05.2012, 1 K 1159/08, EFG 2012, 1727; vgl. Urteil des FG Hamburg vom 13.07.2012, 3 K 131/11, EFG 2012, 1856.
[7] Die Entscheidung des EuGH in der Rs. C-560/13, Wagner-Raith, erfolgte am 21.05.2015; siehe EuGH-Urteil vom 21.05.2015, Rs. C-560/13, „Wagner-Raith", DB 2015, 1382.

die Ertragsbesteuerung intransparenter gebietsfremder Investmentfonds vollends gefolgt ist.

1.2 Gegenstand des Buches

Nach der Einleitung werden in Kap. 2 die rechtlichen Grundlagen der Pauschalbesteuerung im deutschen Investmentsteuerrecht kurz dargestellt, wobei allgemein auf die Grundlagen der transparenten Besteuerung (vgl. 2.1), auf den Begriff der transparenten (vgl. 2.2), der semi-transparenten (vgl. 2.3) sowie der intransparenten (vgl. 2.4) Besteuerung der Investmentfonds eingegangen wird. Ferner wird die Besteuerung sogenannter „schwarzer Fonds" nach § 18 Abs. 3 AuslInvestmG beleuchtet (vgl. 2.5).

Der Schwerpunkt der Darlegungen soll darin liegen, in Kap. 3 die Rechtsprechung der Finanzgerichte und die Vorlage zum EuGH (vgl. 3.2), den Inhalt (vgl. 3.3) und die Auswirkungen (vgl. 3.4) des EuGH-Urteils vom 9. Oktober 2014 in der Rs. C-326/12, Rita und Patrick van Caster, zu analysieren sowie die Reaktion der Finanzverwaltung (vgl. 3.5) darzustellen. Das EuGH-Urteil vom 9. Oktober 2014 wird dabei einer kritischen Beurteilung unterzogen (vgl. 3.6).

Kapitel 4 stellt einen weiteren Schwerpunkt dar und legt mittels des EuGH-Verfahrens in der Rs. C-560/13, Wagner-Raith, den Inhalt des Verfahrens (vgl. 4.2), den Schlussantrag des Generalanwaltes des EuGH (vgl. 4.3), die Auswirkungen des Schlussantrages des Generalanwaltes, das vollends vom finalen EuGH-Urteil aufgegriffen wurde (vgl. 4.4), sowie die Reaktionen der Finanzverwaltung diesbezüglich (vgl. 4.5) und die Entscheidung des BFH (vgl. 4.6) dar und unterzieht vor allem den Schlussantrag des Generalanwaltes – bzw. das darauf ergangene EuGH-Urteil – einer kritischen Würdigung (vgl. 4.7).

Den Abschluss des Buches bildet in Kap. 5 eine abschließende Gesamtwürdigung in einem Fazit zu den wesentlichen Ergebnissen.

Literatur

Baur, Jürgen/Tappen, Falko, (Hrsg.), Investmentgesetze Band 2: §§ 273–355 KAGB; InvStG, 3. Auflage, Berlin 2015.
Haase, Florian/Dorn, Katrin, Investmentsteuerrecht, 2. Auflage, Wiesbaden 2015.
Höring, Johannes, Investmentrecht, 1. Auflage, Wiesbaden 2012.
Höring, Johannes, Die neue Investmentbesteuerung und die ersten Anwendungs- und Auslegungsschreiben des Bundesfinanzministeriums, DStZ 2014, 491–501.

Höring, Johannes, Investmentbesteuerung und das AIFM-Steueranpassungsgesetz, StC 12-2013, 19-22.

Höring, Johannes, Die Auswirkungen des Scheitern des deutschen AIFM Steueranpassungsgesetzes, GStB 2013, 373–375.

Moritz, Joachim/Jesch, Thomas, (Hrsg.), Frankfurter Kommentar zum Kapitalanlagerecht Band 2: InvStG (Investmentsteuergesetz), 1. Auflage, Frankfurt am Main 2015.

Die rechtlichen Grundlagen der Pauschalbesteuerung

2.1 Allgemeines

Dem InvStG liegt der Gedanke zugrunde, dass es für den Investor in steuerlicher Hinsicht keinen Unterschied machen soll, ob er direkt in die vom Investmentfonds gehaltenen Vermögensgegenstände oder in den Investmentfonds selbst investiert. Zur Realisierung wird das sogenannte „eingeschränkte Transparenzprinzip" herangezogen.[1]

Der Besteuerung unterliegt nicht das Sondervermögen selbst, vielmehr sollen die vom Investmentfonds erzielten Erträge dem Anleger zugewiesen werden.[2] Das Transparenzprinzip kommt allerdings nur zum Tragen, wenn das InvStG es ausdrücklich anordnet.[3]

Hinzuzufügen ist, dass das im InvStG verankerte Transparenzprinzip nicht identisch mit dem etwa für Personengesellschaften geltenden Transparenzprinzip ist. § 2 Abs. 1 Satz 1 InvStG qualifiziert die Erträge aus Investmentfonds um. Das heißt, die verwirklichte Einkunftsart auf Anlegerebene ist unabhängig davon, welchen Einkunftsarten die Erträge auf Ebene des Investmentfonds zugeordnet wurden.[4]

---

[1] Vgl. *Höring*, Investmentrecht, § 3, Rdnr. 55; *Haase/Dorn*, Investmentsteuerrecht, S. 124; *Niedrig* in *Haase*, Investmentsteuergesetz, § 5, Rdnr. 1.
[2] Vgl. *Haase/Dorn*, Investmentsteuerrecht, S. 124.
[3] Vgl. *Schnitger/Schachinger*, BB 2007, 801, 801.
[4] Die Erträge, die eine Personengesellschaft erzielt, werden hingegen dem Gesellschafter direkt zugeordnet. Somit ist die vom Gesellschafter realisierte Einkunftsart davon abhängig, welcher Einkunftsart die Erträge auf Ebene der Personengesellschaft zugeordnet werden, siehe *Schnitger/Schachinger*, BB 2007, 801, 801.

Das Transparenzprinzip kann nur umgesetzt werden, wenn die Investmentgesellschaften die nach § 5 Abs. 1 InvStG für die Besteuerung der Anleger notwendigen Daten bekannt machen.[5]

Infolgedessen kennt das InvStG drei Besteuerungssysteme, deren Anwendung davon abhängig ist, ob der Investmentfonds als transparent, semitransparent oder intransparent einzustufen ist.[6]

Ein Investmentfonds wird als transparent bezeichnet, wenn den Berichts- und Informationspflichten des § 5 Abs. 1 InvStG vollständig nachgekommen wird.[7]

Semitransparente und intransparente Investmentfonds unterscheidet, dass bei ersteren nur steuerentlastende Angaben gemäß § 5 Abs. 1 Satz 1 Nr. 1 Buchst. c oder f InvStG nicht bekannt gemacht wurden, bei letzteren hingegen die Bekanntmachung steuerbelastender Angaben nach § 5 Abs. 1 InvStG nicht erfolgt ist, sodass nicht sichergestellt ist, dass alle Erträge steuerlich erfasst werden.[8]

Die Einordnung eines Investmentfonds als intransparent hat für den Anleger eine Strafbesteuerung nach § 6 InvStG zur Folge. Hält der Anleger Anteile an einem als semitransparent eingestuften Investmentfonds, werden ihm nach § 5 Abs. 1 Satz 2 InvStG bestimmte Steuerentlastungen nicht gewährt. Beispielsweise unterliegen bei ihm nach § 5 Abs. 1 Satz 2 InvStG i. V. m. § 4 Abs. 1 InvStG auch bestimmte ausländische Einkünfte,[9] für die ein Doppelbesteuerungsabkommen (DBA) das Besteuerungsrecht Deutschlands eigentlich ausschließt, der Besteuerung in Deutschland.[10]

Im weiteren Verlauf dieses Buches soll nur auf den Grundfall, nämlich die Abgrenzung der Besteuerung eines transparenten von einem intransparenten Investmentfonds, eingegangen werden.

2.2 Transparente Besteuerung

Kommt der Investmentfonds den Bekanntmachungs-, Veröffentlichungs-, Bescheinigungs- und Nachweispflichten nach § 5 Abs. 1 InvStG vollständig form- und

---

[5] Siehe *Höring*, Investmentrecht, § 3, Rdnr. 56.
[6] Vgl. *Haase/Dorn*, Investmentsteuerrecht, S. 124; *Niedrig* in *Haase*, Investmentsteuergesetz, § 5, Rdnr. 10.
[7] Vgl. *Höring*, Investmentrecht, § 3, Rdnr. 62.
[8] Vgl. *Höring*, Investmentrecht, § 3, Rdnr. 71.
[9] Hierbei muss es sich nicht um ausländische Einkünfte i. S. d. § 34 d EStG handeln; vgl. auch *Völker* in *Moritz/Jesch*, InvStG, § 5, Rdnr. 62, 302.
[10] Vgl. *Kayser/Steinmüller*, FR 2004, 137, 142 f.

fristgerecht nach, handelt es sich um einen sogenannten transparenten Investmentfonds, der für den Anleger die günstige Regelbesteuerung nach sich zieht.[11]
Dabei muss für den Fonds die in § 5 Abs. 1 Satz 1 Nr. 1 und Nr. 2 InvStG genannten Besteuerungsgrundlagen im Bundesanzeiger veröffentlicht werden und mit einer Bescheinigung eines Berufsträgers gemäß § 3 Steuerberatungsgesetz (StBerG), einer behördlich anerkannten Wirtschaftsprüfungsstelle oder vergleichbaren Stelle versehen werden (vgl. § 5 Abs. 1 Satz 1 Nr. 3 InvStG).[12]

Liegt ein transparenter Investmentfonds vor, bedeutet dies, dass die Einkünfte aus dem Investmentfonds, die auf der Fondsebene steuerbefreit sind, auf der Anlegerebene nach § 2 Abs. 1 Satz 1 InvStG als Einkünfte aus Kapitalvermögen nach § 20 Abs. 1 Nr. 1 EStG gelten (Regelbesteuerung).[13] Zusätzlich wird die Doppelbesteuerung ausländischer Erträge des Investmentfonds durch § 4 InvStG vermieden.

2.3 Semi-transparente Besteuerung

§ 5 Abs. 1 Satz 2 InvStG normiert die abgemilderte Pauschalbesteuerung eines Investmentfonds (semitransparenter Investmentfonds). Diese abgemilderte Pauschalbesteuerung findet Anwendung, wenn für den Investmentfonds steuerbegünstigte Ertragsteile nach § 5 Abs. 1 Satz 1 Nr. 1 Buchst. c InvStG und/oder abziehbare ausländische Steuern nach § 5 Abs. 1 Satz 1 Nr. 1 Buchst. f InvStG nicht oder unvollständig ausgewiesen und veröffentlicht werden.[14]

Kommt der Investmentfonds allen übrigen Publizitätspflichten aus § 5 Abs. 1 Satz 1 InvStG nach, so ist die Rechtsfolge, dass die laufenden Erträge auf Anlegerebene nach § 2 Abs. 1 Satz 1 InvStG regelbesteuert werden. Die Anrechnung und/oder der Abzug ausländischer Steuern auf Anlegerebene nach § 4 InvStG ist jedoch nicht möglich. Es findet keine Strafbesteuerung statt, jedoch sind die einzelnen sachlichen Steuerbefreiungen, für deren Tatbestände keine Angaben gemacht werden, nicht zu berücksichtigen (daher „abgemilderte Pauschalbesteuerung").[15]

---

[11] *Ebner/Meinert*, NWB 2015, 416, 417; *Höring*, Investmentrecht, § 3, Rdnr. 62.
[12] *Höring*, Investmentrecht, § 3, Rdnr. 62; *Ebner/Meinert*, NWB 2015, 416, 417.
[13] Vgl. *Völker* in *Moritz/Jesch*, InvStG, § 5, Rdnr. 45; *Haase/Dorn*, Investmentsteuerrecht, S. 130 f.
[14] Vgl. *Hagen/Groseta/Hackemann/Schilling* in *Baur/Tappen*, Investmentgesetze, Bd. 2, § 6 InvStG, Rdnr. 22; *Höring*, Investmentrecht, § 3, Rdnr. 71; *Jörißen*, StBW 2013, 217, 218; *Jesch/Haug*, DStZ 2015, 130, 132 f.
[15] Vgl. *Ebner/Meinert*, NWB 2015, 416, 417; *Jesch/Haug*, DStZ 2015, 130, 133; *Höring*, Investmentrecht, § 3, Rdnr. 71; *Jörißen*, StBW 2013, 217, 218.

2.4 Intransparente Besteuerung nach § 6 InvStG

Für sogenannte intransparente Investmentfonds gilt nach § 6 InvStG eine Pauschalbesteuerung (früher: „Strafbesteuerung") für Erträge aus dem intransparenten Investmentfonds. Diese Regelung des § 6 InvStG war Gegenstand des Urteils des EuGH vom 9. Oktober 2014.[16]

Die Vorschrift ist mit dem Investmentmodernisierungsgesetz (InvModG) zum 1. Januar 2004 in Kraft getreten. Durch die Vorschrift sollen die steuerlichen Folgen bei fehlendem Nachweis der Erträge für inländische und ausländische Investmentanteile einheitlich geregelt werden und ist anwendbar, wenn ein Investmentfonds die Voraussetzungen des § 5 Abs. 1 InvStG nicht erfüllt und daher die vom Gesetz vorgesehene „transparente" Besteuerung der ausgeschütteten und ausschüttungsgleichen Erträge auf Anlegerebene nicht gewährleistet ist.[17]

§ 6 InvStG enthält als Regelungsgegenstand die laufende Besteuerung aus Anteilen an Investmentfonds, die die aus § 5 Abs. 1 Satz 2 InvStG hervorgehenden Mindestangaben nicht ordnungsgemäß bekanntgeben. Die Schlussbesteuerung, also die Besteuerung bei Veräußerung, wird in § 6 InvStG hingegen grundsätzlich nicht geregelt.[18]

Dabei folgt aus dem Wortlaut der Vorschrift, dass sie der transparenten Besteuerung nachrangig ist, das heißt, § 6 InvStG kommt nur dann zur Anwendung, wenn die Voraussetzungen einer transparenten Besteuerung nicht erfüllt sind.[19]

§ 6 InvStG erfasst zunächst über den Anwendungsbereich die den Publizitätspflichten nach § 5 Abs. 1 InvStG unterliegenden inländische und ausländische Publikumsfonds. Es ist zu beachten, dass die Pauschalbesteuerung für inländische Spezialfonds nach § 15 Abs. 1 Satz 1 InvStG und für ausländische Spezialfonds nach § 16 Abs. 1 Satz 1 InvStG nicht anwendbar ist.[20]

Die Pauschalbesteuerung nach § 6 InvStG ist ausschließlich für Publikumsinvestmentvermögen relevant. Bei Spezialinvestmentvermögen ist hingegen die Anwendung gemäß §§ 15 Abs. 1 Satz 1, 16 Satz 1 InvStG explizit ausgeschlossen.

---

[16] *Kreft* in *Moritz/Jesch*, InvStG, § 6, Rdnr. 10 ff.; *Brielmaier/Wünsche*, IStR 2014, 104; *Ebner/Meinert*, NWB 2015, 416, 418; *Höring*, StBp 2015, 295, 296.
[17] Siehe *Hagen/Groseta/Hackemann/Schilling* in *Baur/Tappen*, Investmentgesetze, Bd. 2, § 6 InvStG, Rdnr. 1, 6.
[18] *Jesch/Haug*, DStZ 2015, 130, 132.
[19] *Hagen/Groseta/Hackemann/Schilling* in *Baur/Tappen*, Investmentgesetze, Bd. 2, § 6 InvStG, Rdnr. 7.
[20] *Kreft* in *Moritz/Jesch*, InvStG, § 6, Rdnr. 12; *Jesch/Haug*, DStZ 2015, 130, 132.

2.4 Intransparente Besteuerung nach § 6 InvStG

Im Falle der Nichterfüllung der Bekanntmachungspflichten erfolgt die Ermittlung der Besteuerungsgrundlage stattdessen durch Schätzung nach § 162 AO.[21]

§ 6 InvStG kommt zur Anwendung, falls für den Investmentfonds die Bekanntmachungs-, Veröffentlichungs-, Bescheinigungs- und Nachweispflichten nach § 5 Abs. 1 Satz 1 Nr. 1 Buchst. a, b, d, e, g, h, Nr. 2 InvStG (Mindestanforderungen) nicht rechtzeitig und vollständig unter Einhaltung des Verfahrens laut § 5 Abs. 1 Satz 1 Nr. 3 InvStG erfüllt werden.[22] Nach den Vorgaben des § 6 InvStG ist es ausreichend, wenn lediglich eine Pflichtangabe nicht ordnungsgemäß publiziert wurde.[23]

Die Tatbestandvoraussetzungen des § 6 InvStG lassen sich somit wie folgt zusammenfassen: Es muss eine Nicht-Veröffentlichung oder unvollständige Veröffentlichung von Besteuerungsgrundlagen nach § 5 Abs. 1 Satz 1 Nr. 1 und Nr. 2 InvStG gegeben sein. Je Investmentanteil müssen gemäß § 5 Abs. 1 Satz 1 Nr. 1 i. V. m. Satz 2 InvStG bei jeder Ausschüttung mindestens die folgenden Daten form- und fristgerecht bekanntgemacht werden, damit der Anwendungsbereich von § 6 InvStG nicht eröffnet wird:

- Betrag der Ausschüttung sowie die in der Ausschüttung enthaltenen ausschüttungsgleichen Erträge der Vorjahre bzw. die in der Ausschüttung enthaltenen Substanzbeträge,
- Betrag der ausgeschütteten bzw. ausschüttungsgleichen Erträge,
- Betrag des zur Anrechnung oder Erstattung von Kapitalertragsteuer berechtigten Teils der ausgeschütteten bzw. ausschüttungsgleichen Erträge (unterteilt nach Einkunftsarten),
- Betrag der bei der Ermittlung der Erträge angesetzten Absetzungen für Abnutzung oder Absetzung für Substanzverringerung,
- die im Geschäftsjahr gezahlte Quellensteuer, vermindert um die erstattete Quellensteuer des Geschäftsjahres oder früherer Geschäftsjahre.[24]

---

[21] Siehe *Hagen/Groseta/Hackemann/Schilling* in *Baur/Tappen*, Investmentgesetze, Bd. 2, § 6 InvStG, Rdnr. 9; *Kreft* in *Moritz/Jesch*, InvStG, § 6, Rdnr. 12.
[22] Vgl. auch *Bäuml*, RdF 2012, 404, 407: In Fällen vergleichbarer Dokumentationslücken sollte im Rahmen des Billigkeitsverfahrens nach § 163 AO gerade bei geringfügigen Verstößen gegen § 5 InvStG durch ausländische Fondsgesellschaften Abhilfe geschaffen werden.
[23] *Ebner/Meinert*, NWB 2015, 416, 418; *Jesch/Haug*, DStZ 2015, 130, 132.
[24] *Hagen/Groseta/Hackemann/Schilling* in *Baur/Tappen*, Investmentgesetze, Bd. 2, § 6 InvStG, Rdnr. 11.

Das Gleiche gilt gemäß § 5 Abs. 1 Satz 1 Nr. 2 InvStG in Falle eines thesaurierenden Investmentfonds, mit der Maßgabe, dass die Angabe des Betrags der Ausschüttung gemäß § 5 Abs. 1 Satz 1 Nr. 1 Buchst. a InvStG entfällt.[25]

Sind die zuvor genannten Voraussetzungen des § 5 Abs. 1 InvStG (Mindestanforderungen) nicht erfüllt, führt dies zu einer Pauschalbesteuerung nach § 6 Satz 1 erster Halbsatz InvStG.

Zur Bemessungsgrundlage der laufenden Besteuerung zählt zunächst die Summe der Fonds-Ausschüttungen nach § 1 Abs. 3 Satz 1 InvStG. Ausschüttungen werden als tatsächlich zugeflossener Betrag inklusive einbehaltener Kapitalertragsteuer, Solidaritätszuschlag sowie der gezahlten ausländischen Quellensteuer vollumfänglich erfasst. Der ausgeschüttete Betrag ist steuerlich im Zeitpunkt des Zuflusses (§ 11 EStG) zu erfassen. Bilanzierende betriebliche Anleger müssen bei der Pauschalbesteuerung die steuerbilanzrechtlichen Vorschriften beachten.[26]

Des Weiteren ist der als zugeflossen geltende Mehrbetrag zu berücksichtigen. Dies soll der Thesaurierung von Erträgen innerhalb des Investmentfonds Rechnung tragen.[27]

Der Mehrbetrag berechnet sich in Höhe von 70 Prozent des Wertzuwachses zwischen dem ersten und letzten im Kalenderjahr festgesetzten Rücknahmepreis. Nach § 6 Satz 3 InvStG gilt der Mehrbetrag für betriebliche und private Anleger mit Ablauf des Kalenderjahres als zugeflossen. § 6 Satz 1 zweiter Halbsatz InvStG ist in diesem Zusammenhang zu beachten: Wenn die Summe des Betrags der Ausschüttungen und 70 Prozent des jährlichen Mehrbetrags den Betrag von sechs Prozent des letzten im Kalenderjahr festgesetzten Rücknahmepreises nicht übersteigt, muss der Anleger den sogenannten Mindestbetrag in Höhe von sechs Prozent des letzten im Kalenderjahr festgesetzten Rücknahmepreises versteuern. Es gilt bei dem Mindestbetrag die Ausschüttungen zu berücksichtigen. Dies hat auch Gültigkeit bei einem Kursrückgang des Investmentfonds im Kalenderjahr.[28]

Die Mindestbesteuerung wird damit begründet, dass trotz sinkender Kurse regelmäßig laufende Erträge durch Zinsen, Dividenden etc. erzielt werden können.[29]

---

[25] *Hagen/Groseta/Hackemann/Schilling* in *Baur/Tappen*, Investmentgesetze, Bd. 2, § 6 InvStG, Rdnr. 12.
[26] Vgl. BMF-Schreiben vom 18.08.2009, IV C 1 – S 1980-1/08/10019, BStBl I 2009, 931, Rdnr. 131.
[27] Vgl. BMF-Schreiben vom 18.08.2009, IV C 1 – S 1980-1/08/10019, BStBl I 2009, 931, Rdnr. 125.
[28] *Höring*, Investmentrecht, § 3, Rdnr. 70; *Ebner/Meinert*, NWB 2015, 416, 418; *Jesch/Haug*, DStZ 2015, 130, 132.
[29] *Jacob/Geese/Ebner*, Handbuch für die Besteuerung von Fondsvermögen, S. 130.

2.4 Intransparente Besteuerung nach § 6 InvStG

Der Mindestbetrag gilt als zum Jahresende zugeflossen. Dies führt zu einer für den Anleger nachteiligen Substanzbesteuerung.

Die Erträge gemäß § 6 InvStG werden nach herrschender Meinung und Verwaltungspraxis bei Privatanlegern den Einkünften gemäß § 20 Abs. 1 Nr. 1 EStG zugeordnet; bei betrieblichen Anlegern ist zu beachten, dass § 3 Nr. 40 EStG und § 8b KStG keine Anwendung finden.[30]

Bei einer unterjährigen Anteilsveräußerung hat der Käufer, wenn er die Anteile des Investmentfonds am Jahresende im Bestand hat, die ihm zugeflossenen Ausschüttungen sowie den nach § 6 Satz 1 InvStG zu berechnenden Mehrbetrag, der zum Jahresende als zugeflossen gilt, zu versteuern. Der Verkäufer muss den Betrag der Ausschüttungen ansetzen, die ihm zugeflossen sind. Zusätzlich hat er den investmentsteuerlichen Zwischengewinn, der beim Verkauf als zugeflossen gilt, zu versteuern.[31]

Die Vorgaben der Pauschalbesteuerung des § 6 InvStG haben zwar grundsätzlich keine Auswirkungen auf die Schlussbesteuerung, finden aber Anwendung im Zusammenhang mit der Besteuerung des Zwischengewinns, der nach § 2 Abs. 1 Satz 5 InvStG als Einnahmen aus Rückgabe oder Veräußerung des Investmentanteils gilt.[32] Diese Regelung führt im Ergebnis dazu, dass auch bei negativer Wertänderung der Fondsanteile eine Besteuerung auf Ebene des Anlegers erfolgt. Die Ermittlung der pauschalen Bemessungsgrundlage gilt für private und betriebliche Anleger in gleicher Weise.

§ 5 Abs. 3 Satz 1 InvStG gibt vor, dass für den Investmentfonds der Zwischengewinn bewertungstäglich zu ermitteln und mit dem Rücknahmepreis zu veröffentlichen ist. Wird dieser Veröffentlichungspflicht nicht nachgekommen, ist nach § 5 Abs. 3 Satz 2 InvStG ein Ersatzwert in Höhe von sechs Prozent des Entgelts für die Rückgabe oder Veräußerung des Investmentanteils für das Jahr anzusetzen. Dabei ist die Haltedauer zeitanteilig zu berücksichtigen (auf der Berechnungsbasis Actual/360). Den Ersatzwert als negative Einnahme anzusetzen, ist unzulässig.[33]

Anzumerken ist noch Folgendes: Es ist durchaus sinnvoll, bei bestimmten wirtschaftlichen Konstellationen für eine Pauschalbesteuerung zu „optieren", weil diese günstiger ist als die transparente Besteuerung bzw. Situationen, in denen der Anleger unter Umständen die höhere Pauschalbesteuerung durch Verrechnung mit Verlusten nutzen kann.

---

[30] Vgl. *Patzner/Kempf* in *Patzner/Döser/Kempf*, Investmentrecht, § 6 InvStG, Rdnr. 3.
[31] Vgl. *Ebner/Meinert*, NWB 2015, 416, 418; *Jesch/Haug*, DStZ 2015, 130, 132 f.
[32] Vgl. *Jesch/Haug*, DStZ 2015, 130, 132.
[33] Vgl. BMF-Schreiben vom 18.08.2009, IV C 1 - S 1980-1/08/10019, BStBl I 2009, 931, Rdnr. 121; *Gnutzmann/Welzel* in *Haase*, Investmentsteuergesetz, § 6, Rdnr. 111 ff.

Zwar zeigt § 6 InvStG den Charakter einer Art „Strafnorm" auf, auch wenn die überhöhte Pauschalbesteuerung seit der Einführung der Abgeltungsteuer durch Abzug von dem ebenfalls steuerpflichtigen Veräußerungsgewinn wieder ausgeglichen wird und die pauschalierten Sätze zudem gesenkt wurden. Die Nachteile der Pauschalbesteuerung gelten aber insbesondere für Investmentfonds, deren Marktwert sich während des Kalenderjahres reduziert, weil hier sechs Prozent des letzten Rücknahmepreises als Bemessungsgrundlage anzusetzen sind, obwohl der Anleger einen Wertverlust zu verzeichnen hat.[34]

Zwei typische Konstellationen seien kurz genannt: Bei (thesaurierenden) Hedge-Investmentfonds kann es vorkommen, dass deren tatsächlichen ausschüttungsgleichen Erträge über den Mehr- bzw. Mindestbetrag liegen. Ähnlich bei der zweiten Konstellation bei Investmentfonds, die keinen Ertragsausgleich rechnen und bei denen es zu hohen Anteilsrückgaben während des Geschäftsjahres gekommen ist. In diesen Konstellationen hat die Investmentgesellschaft die faktische Wahl, durch Nichterfüllen der Veröffentlichungspflichten nach § 5 Abs. 1 InvStG dem Anleger den Ansatz einer günstigeren Pauschalbemessungsgrundlage zu ermöglichen.[35] Eine solche faktische Wahl kann von der Investmentgesellschaft nach interner Prüfung der Besteuerungsgrundlagen jedes Jahr getroffen werden.

2.5 Besteuerung sogenannter „schwarzer Fonds" nach § 18 Abs. 3 AuslInvestmG

Erträge aus inländischen und ausländischen Investmentfonds wurden schon nach §§ 17 Abs. 3, 18 Abs. 3 AuslInvestmG steuerlich unterschiedlich behandelt.[36] Eine Schätzung der Erträge kam dann zum Zuge, falls die Erträge aus inländischen Investmentfonds nicht hinreichend nach § 17 Abs. 3 AuslInvestmG dokumentiert werden konnten. Eine Pauschalbesteuerung nach § 18 Abs. 3 AuslInvestmG wurde für den Fall vorgesehen, in denen die Erträge aus ausländischen Investmentfonds in vergleichbarer Art und Weise, etwa bei vergleichbaren Versäumnissen wie zum Beispiel der Nichtbestellung eines inländischen Vertreters, nicht dokumentiert wurden (Qualifikation als sogenannte „schwarzer Fonds").[37]

---

[34] *Hagen/Groseta/Hackemann/Schilling* in *Baur/Tappen*, Investmentgesetze, Bd. 2, § 6 InvStG, Rdnr. 56.
[35] *Hagen/Groseta/Hackemann/Schilling* in *Baur/Tappen*, Investmentgesetze, Bd. 2, § 6 InvStG, Rdnr. 58; *Gnutzmann/Welzel* in *Haase*, Investmentsteuergesetz, § 6, Rdnr. 162.
[36] Zur Entwicklung des AuslInvestmG vgl. *Jesch/Klebeck/Bragrock* in *Jesch/Klebeck/Dobrauz*, S. 9 f.
[37] *Jesch/Haug*, DStZ 2015, 131.

Gemäß § 18 Abs. 3 AuslInvestmG waren für inländische Beteiligte an ausländischen Investmentfonds zusätzlich zu den Ausschüttungen fiktive Einnahmen von 90 Prozent der Differenz zwischen dem ersten und dem letzten Rücknahmepreis des Jahres, mindestens aber zehn Prozent des letzten Rücknahmepreises (bzw. des Börsen- oder Marktwertes) anzusetzen. Dies gilt insbesondere auch im Fall einer negativen Wertentwicklung. Im Zusammenhang mit der Rückgabe oder Veräußerung von ausländischen Investmentanteilen sind (ggf. zusätzlich) 20 Prozent des erzielten Erlöses anzusetzen.

Im Ergebnis führt die Anwendung des § 18 Abs. 3 AuslInvestmG so oftmals dazu, dass Beträge der Einkommensteuer zu unterwerfen sind, die die tatsächlich erzielten Einnahmen erheblich, in Extremfällen sogar um ein Vielfaches übersteigen. Vor diesem Hintergrund wird in der Literatur und der Rechtsprechung einiger Finanzgerichte schon seit längerem vertreten, dass diese Norm die europarechtlichen Vorgaben hinsichtlich der Kapitalverkehrsfreiheit verletzt.[38]

Literatur

Baur, Jürgen/Tappen, Falko, (Hrsg.), Investmentgesetze Band 2: §§ 273 – 355 KAGB; InvStG, 3. Auflage, Berlin 2015.

Bäuml, Swen O., Pauschalbesteuerung der Anleger intransparenter Fonds auf dem Prüfstand der Finanzgerichte, RdF 2012, 404–409.

Brielmaier, Bernhard/Wünsche, Sybille, Anmerkung zu den Schlussanträgen des Generalanwalts Wathelet in der Rs. van Caster, IStR 2014, 104–106.

Ebner, Christian/Meinert, Matthias, Unionsrechtswidrigkeit der Pauschalbesteuerung von Investmentfondserträgen, NWB 2015, 416–416.

Geurts, Matthias, Erneut auf dem europa- und verfassungsrechtlichen Prüfstand: Die Pauschalbesteuerung sog. intransparenter Investmentvermögen, IStR 2012, 953–957.

Haase, Florian, (Hrsg.), Investmentsteuergesetz, 2. Auflage, Stuttgart 2015.

Haase, Florian/Dorn, Katrin, Investmentsteuerrecht, 2. Auflage, Wiesbaden 2015.

Höring, Johannes, Investmentrecht, 1. Auflage, Wiesbaden 2012.

Jacob, Werner/Geese, Thomas/Ebner, Christian, Handbuch für die Besteuerung von Fondsvermögen, 3. Auflage, Köln 2007.

Jesch, Thomas/Klebeck, Ulf/Dobrauz-Saldapenna, Günther, Investmentrecht, 1. Auflage, München 2014.

Jesch, Thomas/Haug, Felix, Das Ende der Pauschalbesteuerung im Investmentsteuerrecht?, DStZ 2015, 130–136.

---

[38] Vgl. zum Beispiel *Geurts*, IStR 2012, 953, 955 f.; *Jesch/Haug*, DStZ 2015, 131, 132.

Jörißen, Ann-Erika, Europarechtliche Konformität der Pauschalbesteuerung intransparenter Investmentfonds, StBW 2013, 217–221.

Kayser, Joachim/Steinmüller, Jens, Die Besteuerung von Investmentfonds nach 2004, FR 2004, 137–146.

Moritz, Joachim/Jesch, Thomas, (Hrsg.), Frankfurter Kommentar zum Kapitalanlage-recht Band 2: InvStG (Investmentsteuergesetz), 1. Auflage, Frankfurt am Main 2015.

Patzner, Andreas/Döser, Achim/Kempf, Ludger J., Investmentrecht, 2. Auflage, Baden, Baden 2015.

Schnitger, Arne/Schachinger, Oliver, Das Transparenzprinzip im Investmentsteuergesetz und seine Bedeutung für das Zusammenwirken mit den Vorschriften über die Hinzurechnungsbesteuerung nach den §§ 7 ff. AStG, BB 2007, 801–810.

3 Das Urteil des EuGH vom 9. Oktober 2014 in der Rs. C-326/12, Rita und Patrick van Caster

3.1 Allgemeines

Die Regelung der Pauschalbesteuerung des § 6 InvStG wurde verfassungs- wie europarechtlichen Zweifeln ausgesetzt, auch wenn diese als im Vergleich zu § 18 Abs. 3 AuslInvestmG als „abgemildert" bezeichnet werden kann.[1] Die Praxis hat nämlich gezeigt, dass die pauschalen Werte des § 6 InvStG meist sehr viel höher sind als die tatsächlichen Erträge. In der Literatur und Rechtspraxis wurde diese Gesetzesregelung seit ihrer Einführung im Jahr 2004 heftig kritisiert, weil nur überwiegend ausländische Fonds betroffen waren und § 6 InvStG dazu führen kann, deutsche Anleger von der Anlage in ausländische Investmentfonds abzuhalten.

Während das FG Hamburg und das FG Berlin Brandenburg im Ergebnis von der Europarechtskonformität der Regelung des § 6 InvStG ausgegangen sind, sah sich das FG Düsseldorf veranlasst, dem EuGH die Frage nach der Vereinbarkeit der Pauschalbesteuerung mit dem Unionsrecht zur Vorabentscheidung vorzulegen.[2] Das entsprechende EuGH-Urteil in der Rs. C-326/12 gilt es nachfolgend zu untersuchen.

Im Einzelnen ging es um die Frage der Pauschalbesteuerung von Anteilen an ausländischen thesaurierenden Investmentfonds, welche von im Inland unbeschränkt steuerpflichtigen Klägern in einem belgischen Bankdepot gehalten wurden. Von 2003 an wurden die Erträge aus diesen Kapitalanlagen für die Kläger gesondert und einheitlich festgestellt und ihnen jeweils hälftig zugerechnet.

---

[1] Vgl. Urteil des FG Hamburg vom 13.07.2012, 3 K 131/11, EFG 2012, 1856; *Höring*, DStZ 2012, 602; Urteil des FG Berlin-Brandenburg vom 23.05.2012, 1 K 1159/08, EFG 2012, 1727; *Höring*, DStZ 2012, 638; Beschluss des FG Düsseldorf vom 03.05.2012, 16 K 3383/10 F, IStR 2012, 663; *Höring*, DStZ 2012, 603; siehe auch *Jörißen*, StBW 2013, 217, 218.
[2] Vgl. *Egner/Wölfert*, DStR 2013, 381; *Jesch/Haug*, DStZ 2015, 131, 134.

Folgender vereinfacht dargestellter Sachverhalt lag zur Entscheidung vor: Der Klage lag zugrunde, dass Mutter und Sohn (die Kläger) nach einem Erbfall gemeinsam Inhaber eines Depots mit Anteilen an thesaurierenden belgischen Investmentvermögen waren. Die Kläger waren in Deutschland unbeschränkt einkommensteuerpflichtig. Die Einkünfte hieraus wurden gemäß § 6 InvStG ermittelt, einheitlich und gesondert festgestellt und jeweils hälftig den Klägern zugerechnet. Anhand von den Steuererklärungen beigefügten Belegen bzw. Informationen aus der Börsen-Zeitung deklarierten die Kläger insoweit für die Veranlagungszeiträume 2003 bis 2008 insgesamt 71.462,93 Euro an Erträgen. Das Finanzamt kam dagegen auf Basis von § 6 InvStG auf Erträge der Kläger von insgesamt 246.446,07 Euro. In dem Ausgangsverfahren vor dem FG Düsseldorf verständigten sich die Parteien allein darauf, für den Veranlagungszeitraum 2003 im Schätzungswege Erträge von vier Prozent des Rücknahmepreises zum 31. Dezember 2003, mithin 19.848,07 Euro, anzusetzen. Die Klage wandte sich gegen die Ermittlung der Höhe der Erträge nach § 6 InvStG. Die Kläger machten geltend, die Höhe der Kapitaleinkünfte anhand von Schätzungen, von ihnen eingereichten Belegen und von Informationen aus der Börsenzeitung ermitteln zu dürfen.[3]

Das Finanzamt ermittelte höhere Einkünfte aus Kapitalvermögen nach § 6 InvStG. § 6 InvStG sieht in seiner seit dem 9. Dezember 2004 geltenden Fassung folgenden Wortlaut vor:[4]

> Sind die Voraussetzungen des § 5 Abs. 1 nicht erfüllt, sind beim Anleger die Ausschüttungen auf Investmentanteile, der Zwischengewinn sowie 70 % des Mehrbetrags anzusetzen, der sich zwischen dem ersten im Kalenderjahr festgesetzten Rücknahmepreis und dem letzten im Kalenderjahr festgesetzten Rücknahmepreis eines Investmentanteils ergibt; mindestens sind 6 % des letzten im Kalenderjahr festgesetzten Rücknahmepreises anzusetzen. Wird ein Rücknahmepreis nicht festgesetzt, so tritt an seine Stelle der Börsen- oder Marktpreis. Der nach Satz 1 anzusetzende Teil des Mehrbetrags gilt mit Ablauf des jeweiligen Kalenderjahres als ausgeschüttet oder zugeflossen.

Für die Veranlagungszeiträume 2004 bis 2008 beantragten die Kläger des Ausgangsverfahrens, die Steuerbescheide abzuändern und als Kapitalerträge die von ihnen individuell dokumentierten Beträge zu veranlagen, weil § 6 InvStG gegen die Bestimmungen des AEUV über den freien Kapitalverkehr verstoße. Das FG Düsseldorf hielt ebenfalls eine mittelbare Diskriminierung jedenfalls von Anle-

---

[3] *Höring*, DStZ 2012, 603; *Höring*, DStZ 2014, 828.
[4] Investmentsteuergesetz (InvStG) vom 15. Dezember 2003, BGBl I 2003, 2676, 2724, geändert durch das EU-Richtlinien-Umsetzungsgesetz, BGBl I 2004, 3310.

gern intransparenter ausländischer Fonds für möglich. Es hat das Verfahren daher ausgesetzt und dem EuGH folgende Frage zur Vorabentscheidung vorgelegt:[5]

> Verstößt die pauschale Besteuerung von Erträgen aus sog. „intransparenten" (inländischen und) ausländischen Investmentfonds gemäß § 6 InvStG gegen europäisches Gemeinschaftsrecht [das Unionsrecht] (Art. 56 EG) [Art. 63 AEUV], weil sie eine verschleierte Beschränkung des freien Kapitalverkehrs (Art. 58 Abs. 3 EG) [Art. 65 Abs. 3 AEUV] darstellt?

3.2 Rechtsprechung der Finanzgerichte und Vorlage zum EuGH

Im Hinblick auf die Verfassungsmäßigkeit bezüglich eines möglichen Verstoßes gegen den allgemeinen Gleichheitssatz nach Art. 3 Abs. 1 Grundgesetz (GG) als auch gegen das aus Art. 14 GG abzuleitende Verbot einer übermäßigen Besteuerung wurden seitens der Rechtsprechung der bis dato lediglich ergangenen FG-Urteile[6] bei der Beurteilung des § 6 InvStG bzw. des Vorlagebeschlusses durch das FG Düsseldorf[7] keine ernsthaften Zweifel geäußert.[8] Alle drei FG-Urteile zeigen aber dennoch, dass die ab 2004 geltende Rechtslage nicht frei von Zweifeln ist.[9]

Ein Verstoß gegen den allgemeinen Gleichheitssatz nach Art. 3 Abs. 1 GG wird nach der sogenannten neuen Formel des BVerfG dann anzunehmen sein, wenn

> eine Gruppe von Normadressaten im Vergleich zu anderen Normadressaten anders behandelt wird, obwohl zwischen beiden Gruppen keine Unterschiede von solcher Art und solchem Gewicht bestehen, dass sie die ungleiche Behandlung rechtfertigen können.[10]

---

[5] Vgl. EuGH-Urteil vom 09.10.2014, C-326/13, DStRE 2014, 1318, 1319; *Höring*, DStZ 2012, 603, 604; anders: Urteil des FG Berlin-Brandenburg vom 23.05.2012, 1 K 1159/08, EFG 2012, 1727; Urteil des FG Hamburg vom 13.07.2012, 3 K 131/11, EFG 2012, 1856, welche eine Europa- bzw. Verfassungswidrigkeit verneint haben, siehe dazu Kap. 3.2 dieses Buches.
[6] Vgl. Urteil des FG Hamburg vom 13.07.2012, 3 K 131/11, EFG 2012, 1856; *Höring*, DStZ 2012, 602; Urteil des FG Berlin-Brandenburg vom 23.05.2012, 1 K 1159/08, EFG 2012, 1727; *Höring*, DStZ 2012, 638.
[7] Beschluss des FG Düsseldorf vom 03.05.2012, 16 K 3383/10 F, IStR 2012, 663; *Höring*, DStZ 2012, 603.
[8] Siehe *Brielmaier/Wünsche*, IStR 2013, 731, 732 f.; *Egner/Wölfert*, DStR 2013, 381, 386.
[9] Vgl. auch *Apel*, NWB-EV 2012, 357, 359.
[10] Siehe BVerfG-Urteile vom 14.03.2000, 1 BvR 284/96, 1 BvR 1659/96, BVerfGE 102, 41, 54, NJW 2000, 1855; BVerfG-Urteile vom 28.04.1999, 1 BvL 22/95, 1 BvL 34/95, BVerfGE 100, 59, 90, NJW 1999, 2501.

Das Vergleichspaar der Normadressaten für die Beurteilung der Pauschalbesteuerung vor diesem Hintergrund ist dabei nicht in Bezug auf in- und ausländische Fonds zu sehen, sondern in Bezug auf die Anleger in transparente Fonds zu den Anlegern in intransparente Fonds.[11]

Das FG Hamburg ist in seinem Urteil zu dem Schluss gekommen, dass eine wesentliche Ungleichheit zwischen den Vergleichsgruppen hinsichtlich der Möglichkeit der Ermittlung der Besteuerungsgrundlagen durch betroffene Steuerbehörden besteht.[12] Auch wenn eine Vergleichbarkeit der wirtschaftlichen Leistungsfähigkeit als gegeben anzunehmen ist, rechtfertigen Massenverfahren im Alltagsgeschäft, wovon im Urteil des FG Hamburg bei Publikumsinvestmentvermögen ausgegangen wird, eine typisierende Verallgemeinerung, die insbesondere auch den Ermittlungsaufwand sowie Praktikabilitätsgesichtspunkte berücksichtigen darf.[13] Soweit auf die milderen Mittel einer Schätzung (§ 162 AO) statt der Pauschalbesteuerung und auf die bei der Pauschalbesteuerung denkbare, vom Gesetzgeber aber gerade nicht vorgesehene Möglichkeit eines Nachweises geringerer Fondserträge im Einzelfall durch den einzelnen Anleger gegenüber seinem Veranlagungsfinanzamt hingewiesen wird, sind diese Mittel nicht genauso effizient wie das vom Gesetzgeber gewählte.[14]

Hierbei stellt sich durchaus die Frage, warum im Falle der Schätzung nicht auch auf eine Korrekturmöglichkeit verzichtet wird, weil § 6 InvStG nichts anderes darstellt als eine Form der typisierten Schätzung.[15] Hier sind nicht aus- und inländische Fonds zu vergleichen, sondern transparente und intransparente Fonds, genauer nicht die Fonds, sondern die Anleger, deren Besteuerung zur Überprüfung steht. Da die Anleger die Fonds auswählen, indem sie ihre Investitionsentscheidung treffen, sind die Vergleichsgruppen daher Anleger, die in transparente Fonds investieren, und Anleger, die in intransparente Fonds investieren. Die Anleger können zwar nicht beeinflussen, ob die Fonds die Publizitätsobliegenheiten aus § 5 InvStG erfüllen, sie können aber die Erfüllung dieser Obliegenheiten bei ihrer Investitionsentscheidung (Auswahlentscheidung) berücksichtigen.[16] Im Gegensatz zur transparenten Besteuerung werden den Anlegern im Rahmen des § 6 InvStG je-

---

[11] Vgl. auch *Rohde/Neumann*, FR 2012, 247, 250.
[12] Urteil des FG Hamburg vom 13.07.2012, 3 K 131/11, EFG 2012, 1856, 1860; *Höring*, DStZ 2012, 602; siehe aber a. A. *Rohde/Neumann*, FR 2012, 247, 250.
[13] Urteil des FG Hamburg vom 13.07.2012, 3 K 131/11, EFG 2012, 1856, 1860; *Höring*, DStZ 2012, 602; siehe aber a. A. *Rohde/Neumann*, FR 2012, 247, 250.
[14] Vgl. Urteil des FG Hamburg vom 13.07.2012, 3 K 131/11, EFG 2012, 1856, 1860.
[15] *Egner/Wölfert*, DStR 2013, 381, 386.
[16] Vgl. Urteil des FG Hamburg vom 13.07.2012, 3 K 131/11, EFG 2012, 1856, 1860.

3.2 Rechtsprechung der Finanzgerichte und Vorlage zum EuGH

doch keine Nachweismöglichkeiten zugestanden, wodurch ein Verstoß gegen den Verhältnismäßigkeitsgrundsatz begründet sein kann.[17]

In der Literatur werden Meinungen vertreten, die die Typisierung bzw. Pauschalierung nach § 6 InvStG kritisch beurteilen und mithin als nicht vereinbar mit Art. 3 Abs. 1 GG erachten, wenn die Erbringung eines Nachweises niedrigerer Erträge im Rahmen der Steuererklärung ausgeschlossen ist, obwohl der Mindestbetrag von sechs Prozent nicht nur an einen statischen Wert anknüpft, sondern zudem eine Höhe aufweist, die willkürlich erscheinen mag.[18]

Zu berücksichtigen ist aber, dass sich die Wirkung der Pauschalbesteuerung durch die Einführung der Abgeltungsteuer und der damit verbundenen Steuerpflicht von Veräußerungsgewinnen entschärft hat. Dabei wird der tatsächliche Veräußerungs- und Rückgabegewinn um die thesaurierten Erträge gekürzt, die bereits während der Haltedauer versteuert wurden. Dies gilt auch für den Mehrbetrag bzw. den (Auffüllungsbetrag zum) Mindestbetrag als „pauschalierte ausschüttungsgleiche Erträge". Somit kommt es zu einer Vorverlagerung der Besteuerung und nicht mehr zu einer steuerrechtlichen Mehrbelastung durch die Pauschalbesteuerung des § 6 InvStG.[19] Zudem ist nach den bisher ergangenen FG-Urteilen die Höhe der Pauschalbesteuerung nicht zu beanstanden, ebenso wie der generelle Ausschluss der Steuervergünstigungen gemäß §§ 3 Nr. 40 i. V. m. 3c Abs. 2 EStG bzw. § 8b KStG.

Die Höhe der Pauschalbesteuerung bzw. die Mindestbemessungsgrundlage von sechs Prozent steht nach bisher ergangener Rechtsprechung ferner im Einklang mit Art. 14 GG, wonach eine Übermaßbesteuerung als verfassungswidrig zu beurteilen ist. Der Ansatz des Mindestbetrags würde, selbst mangels auf Fondsebene erzielten Gewinns, erst langfristig gesehen zu einem Substanzverlust führen. Eine Substanzbesteuerung würde schon allein deswegen nicht erfolgen, weil es nicht zur Fiktion steuerbarer Wertzuwächse käme. Die Höhe sei grundsätzlich angemessen und zeige keine größeren Abweichungen zu einer individuellen Schätzung.[20]

Hinsichtlich einer möglichen Unvereinbarkeit der Pauschalbesteuerung nach § 6 InvStG mit dem Unionsrecht wurden aber zumindest seitens des FG Düsseldorf Zweifel geäußert, die den betreffenden Senat dazu bewogen hatten, die Frage

---

[17] *Egner/Wölfert*, DStR 2013, 381, 386.
[18] *Gnutzmann/Welzel* in *Haase*, Investmentsteuergesetz, § 6, Rdnr. 144 ff.; *Egner/Wölfert*, DStR 2013, 381, 386; *Hagen/Groseta/Hackemann/Schilling* in *Baur/Tappen*, Investmentgesetze, Bd. 2, § 6 InvStG, Rdnr. 75.
[19] *Gnutzmann/Welzel* in *Haase*, Investmentsteuergesetz, § 6, Rdnr. 18; *Hagen/Groseta/Hackemann/Schilling* in *Baur/Tappen*, Investmentgesetze, Bd. 2, § 6 InvStG, Rdnr. 76.
[20] *Egner/Wölfert*, DStR 2013, 381, 386; *Gnutzmann/Welzel* in *Haase*, Investmentsteuergesetz, § 6, Rdnr. 144, 147 ff.

nach der Europarechtskonformität der Norm dem EuGH (Az. C-326/12) für eine Vorabentscheidung vorzulegen.[21]

Einigkeit herrschte hingegen beim FG Hamburg und FG Berlin-Brandenburg im Sinne einer nicht vorliegenden Beschränkung der Kapitalverkehrsfreiheit gemäß Art. 63 AEUV und damit einer Europarechtskonformität.[22] Eine diskriminierende Beschränkung ist nach Auffassung des FG Hamburg und FG Berlin-Brandenburg nicht erkennbar, nicht weil steuerrechtlich gesehen eine Gleichbehandlung in- und ausländischer Investmentvermögen erfolgt.[23] Anknüpfungspunkt für die Rechtsfolge der Pauschalbesteuerung ist alleine die Erfüllung der Publizitätspflichten des § 5 Abs. 1 InvStG. Explizit wurde im Urteil des FG Berlin-Brandenburg herausgestellt, dass insbesondere keine sogenannte verdeckte Diskriminierung ausländischer Investmentvermögen in den zu veröffentlichenden detaillierten Angaben des § 5 Abs. 1 InvStG zu sehen ist.[24] Die verdeckte Diskriminierung, die nicht an den Sitz oder die Staatsangehörigkeit, sondern an andere Merkmale anknüpft, im Ergebnis jedoch regelmäßig zu einer Schlechterstellung grenzüberschreitender Sachverhalte gegenüber Inlandssachverhalten führt, würde gleichermaßen einen Verstoß gegen die europarechtlichen Grundfreiheiten darstellen.[25]

Interessanterweise ist festzustellen, dass das FG Hamburg in seinem Urteil trotz einer Beurteilung des § 6 InvStG als verfassungs- und europarechtskonform, mehrere Konstellationen aufgelistet hat, die möglicherweise nicht im Einklang mit dem Unionsrecht stehen könnten.[26] Nach Auffassung des FG Hamburg könnte eine Unverhältnismäßigkeit der Pauschalbesteuerung in Einzelfällen das Resultat des „*Alles oder Nichts-Prinzips*" sein: Eine erfolgte Veröffentlichung seitens des Fonds, die nicht allen formalen Anforderungen genügt, führt genauso zur Pauschalbesteuerung beim Anleger wie eine insgesamt unterbliebene Veröffentli-

---

[21] Beschluss des FG Düsseldorf vom 03.05.2012, 16 K 3383/10 F, IStR 2012, 663; *Höring*, DStZ 2012, 603.
[22] Vgl. Urteil des FG Hamburg vom 13.07.2012, 3 K 131/11, EFG 2012, 1856; *Höring*, DStZ 2012, 602; Urteil des FG Berlin-Brandenburg vom 23.05.2012, 1 K 1159/08, EFG 2012, 1727; *Höring*, DStZ 2012, 638.
[23] Vgl. Urteil des FG Hamburg vom 13.07.2012, 3 K 131/11, EFG 2012, 1856, 1859; Urteil des FG Berlin-Brandenburg vom 23.05.2012, 1 K 1159/08, EFG 2012, 1727, 1728.
[24] Urteil des FG Berlin-Brandenburg vom 23.05.2012, 1 K 1159/08, EFG 2012, 1727, 1728.
[25] Urteil des FG Berlin-Brandenburg vom 23.05.2012, 1 K 1159/08, EFG 2012, 1727, 1728; *Egner/Wölfert*, DStR 2013, 381, 387; *Rohde/Neumann*, FR 2012, 247, 253.
[26] Urteil des FG Hamburg vom 13.07.2012, 3 K 131/11, EFG 2012, 1856, 1858.

3.2 Rechtsprechung der Finanzgerichte und Vorlage zum EuGH

chung. Derartige Einzelfälle könnten nach Ansicht des FG Hamburg jedoch im Billigkeitsverfahren gemäß § 163 AO geregelt werden.[27] Das FG Düsseldorf sieht hingegen aufgrund der Ausgestaltung der Norm bzw. deren Anforderungen an Art und Umfang der Bekanntmachung betreffender Angaben die Möglichkeit einer verdeckten („verschleierten") Diskriminierung, die durchaus dazu führen kann, dass sich ausländische Fonds regelmäßig veranlasst sehen, den umfangreichen Publizitätspflichten des § 5 Abs. 1 InvStG nicht nachzukommen.[28] Begründet wird dies damit, dass die Vorschrift in tatsächlicher Hinsicht vor allem nur die Anlage in ausländische Investmentfonds einschränke und nur vereinzelt Anleger inländischer Investmentfonds träfe, mithin soll die Regelung rein faktisch regelmäßig zu einer Schlechterstellung der Anleger in ausländische Investmentfonds führen. Ferner könnte die Gewinnung deutscher Anleger aufgrund der Nichterfüllung der Publizitätspflichten gemäß § 5 Abs. 1 InvStG erschwert oder sogar ausgeschlossen werden bzw. inländische Anleger grundsätzlich davon abhalten, in ein ausländisches Investmentvermögen zu investieren. Insbesondere wird hierzu vorgebracht, dass § 6 InvStG de facto auf ausländische Investmentfonds zugeschnitten sei, weil inländische Fonds nahezu ausnahmslos die Anforderungen des § 5 Abs. 1 InvStG erfüllen und ausländischen Fonds oftmals keine Veranlassung hätten, den Pflichten des § 5 Abs. 1 InvStG nachzukommen. Daher liege trotz formaler Gleichstellung inländischer und ausländischer „intransparenter" Fonds eine verdeckte Diskriminierung vor. Eine Verletzung der Kapitalverkehrsfreiheit könne darin bestehen, so das FG Düsseldorf, dass einerseits der ausländische Fonds keine deutschen Anleger für sich gewinnen könne, wenn er nicht die Anforderungen des § 5 InvStG erfülle, und andererseits deutsche Anleger von ausländischen Fonds Abstand nehmen. Denn diese kommen oft nicht den Anforderungen des § 5 InvStG nach, indem sie beispielsweise die Investmenterträge nicht in deutscher Sprache mitteilen oder die erforderlichen Angaben nicht im Bundesanzeiger veröffentlichen. Eine unzulässige Verletzung der Kapitalverkehrsfreiheit sei folglich nicht auszuschließen.[29]

Der Vorlagebeschluss des FG Düsseldorf ist allerdings nicht auf evtl. europarechtliche Bedenken in Bezug des anzusetzenden Mehr- sowie Mindestbetrags eingegangen und hat auch nicht die Verhältnismäßigkeit der Pauschalbesteuerung

---

[27] Siehe Urteil des FG Hamburg vom 13.07.2012, 3 K 131/11, EFG 2012, 1856, 1859; BFH-Urteil vom 30.04.2009, V R 15/07, BFHE 225, 254, BStBl II 2009, 744, m. w. N.; EuGH-Urteil vom 19.09.2000, Rs. C-454/98, IStR 2000, 595.
[28] Beschluss des FG Düsseldorf vom 03.05.2012, 16 K 3383/10 F, IStR 2012, 663, 665; *Höring*, DStZ 2012, 603.
[29] Beschluss des FG Düsseldorf vom 03.05.2012, 16 K 3383/10 F, IStR 2012, 663, 665; *Höring*, DStZ 2012, 603, 604.

beleuchtet, somit Bedenken, die man einer Klärung durch den EuGH hätte zuführen können.

3.3 Entscheidung des EuGH

3.3.1 Vorbemerkung des EuGH

Nach dem EuGH-Urteil vom 9. Oktober 2014 in der Rs. C-326/12, van Caster und van Caster, handelt es sich bei der Besteuerung nach § 6 InvStG um eine nicht zu rechtfertigende Beschränkung der Kapitalverkehrsfreiheit, weil dem Steuerpflichtigen keine Möglichkeit gegeben wird, die tatsächliche Höhe seiner Einkünfte nachzuweisen. Die Steuernorm ist im Hinblick auf Anleger von EU-Investmentvermögen unionsrechtswidrig.[30]

Der EuGH hielt in seinen Vorbemerkungen fest, dass die Anleger in Anteile an deutschen Investmentvermögen drei unterschiedlichen Besteuerungsregimen unterliegen können. Dies sei abhängig davon, ob die Investmentgesellschaft ihre Verpflichtungen nach § 5 Abs. 1 InvStG erfüllt. Bei form- und fristgerechter Bekanntmachung und Veröffentlichung der Angaben in § 5 Abs. 1 InvStG richtet sich die Besteuerung nach § 2 und nach § 4 InvStG, sogenannte transparente Besteuerung.[31]

Liegen die in § 5 Abs. 1 Satz 1 Nr. 1 Buchst. c oder f InvStG genannten Angaben nicht vor, werden die Erträge insoweit nach § 2 Abs. 1 Satz 1 InvStG besteuert und § 4 InvStG findet insoweit keine Anwendung (semi-transparente Besteuerung nach § 5 Abs. 1 Satz 2 InvStG). Damit können Vergünstigungen, zu denen bestimmte Angaben nicht gemacht worden sind, nicht berücksichtigt werden. Sind auch sonstige Voraussetzungen des § 5 Abs. 1 InvStG nicht erfüllt, werden die Einkünfte aus den Anteilen an dem Investmentvermögen pauschal nach § 6 InvStG ermittelt. Im Übrigen gelten die Voraussetzungen in § 5 Abs. 1 Nr. 1 bis 3 InvStG unterschiedslos für alle ausländischen und inländischen Investmentgesellschaften. In § 5 Abs. 1 Nr. 4, 5 InvStG finden sich zusätzliche, nur für ausländische Investmentgesellschaften geltende Vorschriften.[32]

Im Vorlagefall war unklar, welche Voraussetzungen nach § 5 Abs. 1 InvStG nicht erfüllt worden waren. Der EuGH legte die Vorlagefrage daher insoweit aus,

---

[30] Siehe EuGH-Urteil vom 09.10.2014, C-326/13, DStRE 2014, 1318, 1319.
[31] EuGH-Urteil vom 09.10.2014, C-326/13, DStRE 2014, 1318, 1319.
[32] EuGH-Urteil vom 09.10.2014, C-326/13, DStRE 2014, 1318, 1319; vgl. *Höring*, DStZ 2014, 828, 829.

dass zu entscheiden war, ob Art. 63 AEUV dahin auszulegen ist, dass er einer nationalen Regelung wie der im Ausgangsverfahren fraglichen entgegensteht, wonach, wenn ein ausländischer Investmentfonds die in dieser Regelung vorgesehenen, unterschiedslos für inländische und ausländische Fonds geltenden Verpflichtungen zur Bekanntmachung und Veröffentlichung bestimmter Angaben nicht erfüllt, die Erträge, die der Steuerpflichtige aus diesem Investmentfonds erzielt, pauschal zu besteuern sind.[33]

3.3.2 Inhalt des Urteils

Nach Auffassung des EuGH stellt die Regelung des § 6 InvStG deshalb einen Verstoß gegen die Kapitalverkehrsfreiheit (Art. 63 AEUV) dar, weil sie es dem Steuerpflichtigen nicht ermöglicht, zur Abwendung der Pauschalbesteuerung Unterlagen oder Informationen beizubringen, mit denen sich die tatsächliche Höhe seiner Einkünfte nachweisen lässt, wenn er Anteile an einem ausländischen Investmentfonds hält, der die unterschiedslos für in- und ausländische Investmentfonds geltenden Transparenzerfordernissen aus § 5 InvStG nicht erfüllt.[34]

Wie der EuGH feststellt, kann die Mindestbesteuerungsgrundlage nach § 6 InvStG in Höhe von sechs Prozent zu einer Überbewertung der tatsächlichen Einkünfte führen; § 6 InvStG kann sich daher nachteilig für den Steuerpflichtigen auswirken, wenn man zum Beispiel den Fall zugrunde legen würde, dass für Jahre mit besonders hohen Erträgen die Pauschalbesteuerung auch einmal günstiger ausfallen kann. Nach ständiger Rechtsprechung des EuGH könne ein Verstoß gegen Grundfreiheiten nicht mit anderen steuerlichen Vergünstigungen gerechtfertigt und aufgewogen werden.

Da somit die Nichterfüllung der Transparenzvorschriften nach § 5 InvStG zu einer potenziell nachteiligen Besteuerung führen und diese nicht dadurch abgewendet werden kann, dass der Steuerpflichtige selbst die notwendigen Unterlagen oder Informationen beibringt, mit denen sich seine tatsächlichen Einkünfte nachweisen lassen, ist § 6 InvStG geeignet, deutsche Steuerpflichtige davon abzuhalten, in in- oder ausländische intransparente Investmentfonds zu investieren.[35]

---

[33] Vgl. EuGH-Urteil vom 09.10.2014, C-326/13, DStRE 2014, 1318, 1320; vgl. *Höring*, DStZ 2014, 828, 829.
[34] EuGH-Urteil vom 09.10.2014, C-326/12, DStRE 2014, 1318, 1320; vgl. *Höring*, DStZ 2014, 828, 829.
[35] EuGH-Urteil vom 09.10.2014, C-326/12, DStRE 2014, 1318, 1320; vgl. *Höring*, DStZ 2014, 828, 829.

Weiterhin stellt der EuGH fest, dass es de facto aber nur ausländische intransparente Investmentfonds gibt, weil nur für solche Investmentfonds, die nicht auf dem deutschen Markt tätig sind und nicht aktiv auf diesen Markt abzielen, der Anreiz fehlt, die Transparenzerfordernisse zu erfüllen. Daraus ergibt sich, dass in der Regel nur Anlagen in ausländische Investmentfonds von der Pauschalbesteuerung betroffen sind und diese Regelung deshalb eine grundsätzlich verbotene Beschränkung der Kapitalverkehrsfreiheit darstellt.[36]

Nach Auffassung des EuGH kommt eine Rechtfertigung der Beschränkung der Kapitalverkehrsfreiheit über das Argument der Notwendigkeit der Wirksamkeit der steuerlichen Kontrolle oder der wirksamen Steuereinziehung nicht in Betracht. Zwar handele es sich bei diesen von der deutschen Regierung vorgetragenen Gründen anerkanntermaßen um zwingende Gründe des Allgemeininteresses, die eine Beschränkung der Grundfreiheiten rechtfertigen können. Die Voraussetzungen für eine Rechtfertigung seien aber vorliegend nicht erfüllt. Es könne nicht von vornherein ausgeschlossen werden, dass deutsche Steuerpflichtige, die Anteile an ausländischen intransparenten Fonds halten, selbst Belege vorlegen, anhand derer die Steuerbehörden die erforderlichen Angaben zur ordnungsgemäßen Bemessung der Steuer auf die Erträge aus diesen Investmentfonds, klar und genau prüfen könnten.[37]

Auch wenn der Steuerpflichtige nicht über sämtliche nach dem InvStG erforderlichen Angaben verfüge, könne er diese ggf. von den betreffenden ausländischen Fonds erhalten. Nach Auffassung des EuGH gehe daher die Regelung des § 6 InvStG über das hinaus, was erforderlich ist, um die Wirksamkeit der steuerlichen Kontrolle zu gewährleisten.[38]

Die Veröffentlichung der durch einen Berufsträger überprüften Besteuerungsgrundlagen garantiere zwar eine einheitliche Besteuerung der Steuerpflichtigen, die Anteile an demselben Investmentfonds halten. Diese einheitliche Besteuerung kann aber nach Auffassung des EuGH auch durch einen internen Informationsaustausch innerhalb der Finanzverwaltung gewährleistet werden. Überdies könnten sich die deutschen Finanzbehörden an die Behörden des Sitzstaates der ausländi-

---

[36] EuGH-Urteil vom 09.10.2014, C-326/12, DStRE 2014, 1318, 1320 f.; vgl. *Höring*, DStZ 2014, 828, 829.
[37] EuGH-Urteil vom 09.10.2014, C-326/12, DStRE 2014, 1318, 1320 f.; vgl. *Talaska/Gomes*, Stbg 2014, 504; vgl. *Höring*, DStZ 2014, 828, 829.
[38] EuGH-Urteil vom 09.10.2014, C-326/12, DStRE 2014, 1318, 1322.; vgl. *Talaska/Gomes*, Stbg 2014, 504; vgl. *Höring*, DStZ 2014, 828, 829.

schen Investmentfonds wenden, um alle Auskünfte zu erhalten, die für die ordnungsgemäße Steuerbemessung notwendig seien.[39]

Ferner beanstandet der EuGH in seiner Entscheidung wohl auch zu Recht die Höhe des Pauschalsatzes von sechs Prozent, weil dieser Satz zu einer Überbewertung der Einkünfte führen kann, gerade in einer andauernden Niedrigzinsphase (wie sie seit Einführung des § 6 InvStG besteht).[40]

3.4 Auswirkungen der Entscheidung des EuGH

3.4.1 Auswirkungen auf den Anleger

Die Entscheidung des EuGH hat Auswirkungen in erster Linie auf alle Anleger, deren Depot Anteile an „intransparenten" Investmentfonds umfasst (bzw. in der Vergangenheit umfasst hat, soweit diese Fälle noch nicht bestandskräftig veranlagt sind). Die europarechtlichen Grundfreiheiten sind unmittelbar geltendes Recht, sodass § 6 InvStG im Umfang seiner Europarechtswidrigkeit nicht anzuwenden ist. Dies bedeutet, dass für den Steuerpflichtigen die Möglichkeit besteht, die tatsächliche Höhe seiner ausländischen Fondserträge anhand von Unterlagen oder Informationen nachzuweisen. Darüber hinaus sollte die Veräußerungsgewinnbesteuerung durch entsprechende Nachweise reduzierbar sein.

Es ist nicht auszuschließen, dass bei stark lückenhafter Dokumentation das Finanzamt bei einer Schätzung wiederum auf die Grundlagen des § 6 InvStG zurückgreift.[41] Solange entsprechende Unsicherheiten bestehen, werden deutsche Fondsinvestoren deshalb weiterhin auf die vollständige Erfüllung der Transparenzvorschriften bestehen. Für die Anleger wird es hier entscheidend darauf ankommen, welchen Grad an Präzision, dem diese Angaben genügen müssen, die Finanzverwaltung bestimmen wird. Zwar darf sie dabei nach den Vorgaben des EuGH[42] nicht zu formalistisch vorgehen, aber gleichwohl alle für die Beurteilung notwendigen Nachweise verlangen.[43] Um Sicherheit für die Anleger zu haben, werden diese faktisch gezwungen sein, für ausländische Investmentfonds weiterhin die Besteuerungsgrundlagen ermitteln und bekanntmachen zu lassen. Trotzdem

---

[39] EuGH-Urteil vom 09.10.2014, C-326/12, DStRE 2014, 1318, 1322 f.; vgl. *Talaska/Gomes*, Stbg 2014, 504; vgl. *Höring*, DStZ 2014, 828, 829, *Höring*, StBp 2015, 295, 298.
[40] EuGH-Urteil vom 09.10.2014, C-326/12, DStRE 2014, 1318, 1322; siehe *Talaska/Gomes*, Stbg 2014, 504; vgl. *Höring*, DStZ 2014, 828, 829.
[41] Vgl. *Jesch/Haug*, DStZ 2015, 130, 136.
[42] Siehe EuGH-Urteil vom 30.06.2011, C-262/09, „Meilicke II", DB 2011, 1617.
[43] Vgl. *Patzner/Nagler*, IStR 2014, 848, 855.

kann festgehalten werden, dass mit dem EuGH-Urteil vom 9. Oktober 2014 wohl die Gefahr einer verspäteten Veröffentlichung entfällt, mithin die Vier-Monatsfrist des § 5 Abs. 1 InvStG de facto abgeschafft wurde.

Nichtsdestoweniger obliegt es nun dem Gesetzgeber (spätestens mit dem entsprechenden Vorhaben der großen Investmentsteuerreform), die Unsicherheiten bezüglich der Anwendung der Regelungen zur Pauschalbesteuerung nach § 6 InvStG zu beseitigen.

Zur Vermeidung einer Strafbesteuerung können Anleger nun einen Steuerberater, Rechtsanwalt oder Wirtschaftsprüfer mit der nachträglichen Ermittlung der tatsächlichen Fondseinkünfte beauftragen. Betroffene Fondsgesellschaften müssen daher mit vermehrten Anfragen nach obigen Unterlagen rechnen. Alternativ ist denkbar, dass Banken und Fondsgesellschaften die erforderlichen Daten und Unterlagen bereitstellen, was bei intransparenten Fonds, die von einer Vielzahl von deutschen Anlegern gehalten werden, sinnvoll wäre.

Als Sofortmaßnahme sollten betroffene Anleger zunächst in jedem Fall Einspruch gegen Steuerbescheide erheben, in denen die Besteuerungsgrundlagen nach § 6 InvStG und mit Zwischengewinn-Ersatzwerten nach § 5 Abs. 3 InvStG (siehe unten Abschn. 3.4.2) ermittelt wurden.[44] Bereits eingelegte Rechtsmittel sollten dringend offengehalten werden. Denn die tatsächlichen Einkünfte liegen meist weit unter den pauschalen Werten. Wenn die hohen Anforderungen an den nachträglichen Nachweis der tatsächlichen Einkünfte nicht erfüllt werden können oder die damit verbundenen Kosten möglicherweise unverhältnismäßig sind, dann könnte zunächst mit Verweis auf das entsprechende Verfahren beim FG Düsseldorf ein Ruhen des Einspruchsverfahrens beantragt werden. Die OFD Nordrhein-Westfalen weist darauf hin, dass keine Bedenken bestehen, gleichgelagerte Rechtsbehelfsverfahren nach § 363 Abs. 2 Satz 1 AO mit Zustimmung des Einspruchsführers (Verfahren FG Düsseldorf) bzw. nach § 363 Abs. 2 Satz 2 AO (BFH-Verfahren) weiterhin ruhen zu lassen.[45]

Es ist durchaus denkbar, dass das FG die Anforderungen an den Nachweis der Besteuerungsgrundlagen niedriger ansetzen könnte. In diesem Fall ist mit hoher Wahrscheinlichkeit damit zu rechnen, dass sich der BFH mit dieser Rechtsfrage befassen muss.

---

[44] Vgl. *Talaska/Gomes*, Stbg 2014, 504.
[45] OFD NRW, Kurzinfo ESt Nr. 39/2014 v. 24.10.2014, DB 2014, 2499; *Höring*, DStZ 2015, 143.

3.4.2 Auswirkungen auf Aktiengewinn und Zwischengewinn

Die Entscheidung des EuGH geht nur auf die Besteuerungssituation des Anlegers im Grundsatz ein. Nicht erwähnt wird, ob und wie die Entscheidung auch für die Veröffentlichung des Aktiengewinns und des Zwischengewinns gilt.

Der Aktiengewinn ist bewertungstäglich zu ermitteln und zu veröffentlichen (§ 5 Abs. 2 Satz 1 InvStG); nur dann sind die Vorschriften des § 2 Abs. 2 InvStG und des § 4 Abs. 1 InvStG anwendbar (vgl. § 5 Abs. 2 Satz 4 InvStG). Wird der Zwischengewinn nicht bewertungstäglich ermittelt und veröffentlicht, sind sechs Prozent des Entgelts für die Rückgabe oder Veräußerung des Investmentanteils anzusetzen; negative Kapitalerträge aus Zwischengewinnen aufgrund des Erwerbs von während des laufenden Geschäftsjahres des Investmentfonds ausgegebenen Anteilen werden nicht berücksichtigt (§ 5 Abs. 3 Satz 2 InvStG).

Es spricht viel dafür, dass auch diese Regelungen ausländische Investmentvermögen in der Regel treffen. Aufgrund der EuGH-Rechtsprechung werden dem Anleger eigene, geeignete Nachweismöglichkeiten eingeräumt werden müssen. Im Zweifel sollten entsprechende Steuerbescheide offengehalten werden.

3.5 Reaktionen der Finanzverwaltung

Das Urteil eines Vorabentscheidungsverfahrens wirkt zwar in der Regel nur „*inter partes*", allerdings entfalten der Anwendungsvorrang des Unionsrechts und die Pflicht zur loyalen Zusammenarbeit aus Art. 4 Abs. 3 EU-Vertrag eine Bindungswirkung für mitgliedstaatliche Verwaltungen. Deshalb muss die Finanzverwaltung § 6 InvStG unionsrechtskonform auslegen und dem Steuerpflichtigen die Möglichkeit geben, seine tatsächlichen Einkünfte als Besteuerungsgrundlage nachzuweisen.[46]

Bereits vor dem EuGH-Urteil in der Rs. van Caster gab es erste Anzeichen dafür, dass die Finanzverwaltung nicht mehr in allen Fällen von der starren Geltung der Rechtsfolgen des § 6 InvStG bei Nichterfüllung der Anforderungen des § 5 InvStG ausgeht. So erging am 17. Dezember 2013 ein BMF-Schreiben[47], wonach die Anwendung der Regelbesteuerung nach §§ 2, 4 InvStG bei kurzfristigen Überschreitungen der Viermonatsfrist des § 5 InvStG (in der Regel nicht mehr als zehn Kalendertage) in das Ermessen des zuständigen Finanzamts (bzw. des BZSt

---

[46] *Meinert*, NWB 2015, 1325, 1326; *Höring*, StBp 2015, 295, 298.
[47] BMF-Schreiben vom 17.12.2013, IV C 1 – S 1980-1/08/10007, BStBl I 2014, 60.

bei ausländischen Investmentfonds) stellt. Bislang war hierfür die Zahlung eines Betrags von 25.000 Euro pro Investmentvermögen zwingende Voraussetzung. Das BMF hat mit Schreiben vom 4. Februar 2015/28. Juli 2015 das Verfahren bis zu einer gesetzlichen Umsetzung des EuGH-Urteils vom 9. Oktober 2014 in der Rs. C-326/12 (van Caster und van Caster), in dem der EuGH die Unionsrechtswidrigkeit der Pauschalbesteuerung von intransparenten Investmentvermögen nach § 6 InvStG festgestellt hatte, geregelt.[48]

Dem Steuerpflichtigen, der Anteile an einem ausländischen Investmentfonds gezeichnet hat, sei die Möglichkeit einzuräumen, Unterlagen oder Informationen beizubringen, mit denen sich die tatsächliche Höhe seiner Einkünfte nachweisen lässt. Der Inhalt, die Form und das Maß an Präzision, denen die Angaben genügen müssen, um in den Genuss der transparenten Besteuerung zu kommen, müssten von der Finanzverwaltung bestimmt werden, um dieser die ordnungsgemäße Besteuerung zu ermöglichen. Daher kommt die Möglichkeit einer Schätzung der Besteuerungsgrundlagen nicht in Betracht.

Falls ein Investmentfonds die durch das InvStG abgeforderten Publizitäts- und Bescheinigungspflichten nicht erfüllt, gelten diese als sogenannte intransparente Investmentfonds. Die Bemessungsgrundlage für die laufende Besteuerung dieser intransparenten Investmentfonds wurde bisher gemäß § 6 InvStG pauschal berechnet. In den meisten Fällen ergab sich für den Anleger eine höhere Steuerbelastung. Der EuGH erklärte in seinem oben genannten Urteil den Verstoß gegen die Kapitalverkehrsfreiheit bezüglich des Regelungsinhalts des § 6 InvStG, dass § 6 InvStG entsprechend diesem Urteil unionsrechtskonform ausgelegt werden muss.

Basierend auf dem Urteil des EuGH hat das BMF mittels Schreiben die Finanzverwaltung angewiesen, bis zu einer gesetzlichen Neuregelung von der Pauschalbesteuerung Abstand zu nehmen, sofern der Steuerpflichtige selbst die entsprechenden Unterlagen oder Informationen beibringt, mit denen sich die tatsächliche Höhe seiner Einkünfte nachweisen lässt. Dabei unterscheidet das BMF zwischen den Mindestangaben nach § 5 Abs. 1 Satz 1 Nr. 1 Buchst. a, b, e, g, h InvStG, um der Pauschalbesteuerung zu entgehen, und „optionalen Angaben", um volle steuerliche Transparenz durch die Berücksichtigung steuerbegünstigter Ertragsteile und/oder Anrechnung ausländischer Steuern zu erreichen.[49]

---
[48] BMF-Schreiben vom 04.02.2015, IV C 1 – S 1980-1/11/10014 :005, BStBl I 2015, 135; das BMF-Schreiben vom 04.02.2015 wurde am 28.07.2015 nach einer Modifikation als Reaktion auf das Urteil des EuGH vom 21.05.2015, Rs. C-560/13, „Wagner-Raith" neu veröffentlicht; siehe *Höring*, DStZ 2015, 357, 358.
[49] *Höring*, DStZ 2015, 357, 358; *Höring*, StBp 2015, 295, 298; *Meinert*, NWB 2015, 1325, 1328.

3.5 Reaktionen der Finanzverwaltung

Wenn die in § 5 Abs. 1 InvStG genannten Besteuerungsgrundlagen mit Ausnahme der Buchst. c und f bis zur Bestandskraft der Steuerfestsetzung erklärt werden und der Steuerpflichtige auf Anforderung des Finanzamt die Richtigkeit der Angaben nachweist, erfolgt eine Besteuerung als sogenannter semi-transparenter Fonds nach § 2 Abs. 1 Satz 1 InvStG. Das Finanzamt kann den Nachweis der Richtigkeit der angegebenen Besteuerungsgrundlagen verlangen und im Fall der Mindestangaben vom Steuerpflichtige unter anderem den gültigen Verkaufsprospekt, Jahresbericht, Summen- und Saldenliste sowie Überleitungsrechnung, aber auch eine Berufsträgerbescheinigung anfordern.[50]

Erklärt der Steuerpflichtige auch die in § 5 Abs. 1 Nr. 1 Buchst. c und f InvStG genannten Besteuerungsgrundlagen (das heißt Aufgliederung der ausgeschütteten Erträge und der auf die ausgeschütteten Erträge entfallenden ausländischen Steuer etc.), erfolgt die für transparente Fonds geltende Regelbesteuerung der §§ 2 und 4 InvStG. Auch hier können Nachweise verlangt werden, beispielsweise eine Übersicht über die Dividendenzahlungen und einbehaltene Quellensteuern, sowie die Bemessungsgrundlage für die Anrechnung – jeweils getrennt nach Ländern – und den Nachweis der sogenannten Aktienquote (Aufteilungsmaßstab im Rahmen der Zuordnung von Werbungskosten).

Anleger erhalten damit die grundsätzliche Möglichkeit, die Pauschalbesteuerung abzuwenden. Legt der Steuerpflichtige die Beweismittel in einer fremden Sprache vor, so kann eine Übersetzung in die deutsche Sprache verlangt werden (§ 87 Abs. 2 AO). Der Anleger muss dem Finanzamt in verfahrensrechtlich offenen Fällen geeignete Unterlagen zur Ermittlung der Erträge vorlegen, um eine Besteuerung im Schätzwege bzw. auf Basis einer fortbestehenden ggf. abgemilderten Pauschalbesteuerungsregelung zu vermeiden.[51]

Für den Anleger ist dies mit erheblichen Kosten und Mehraufwand verbunden. Selbst wenn er dies auf sich nehmen will und falls der deutsche Steuerpflichtige sämtliche Angaben, die für die Ermittlung der steuerpflichtigen Erträge nach den Regeln des deutschen Steuerrechts erforderlich sind, von einem ausländischen Investmentfonds, der selbst keine Ertragsermittlung nach dem InvStG vornimmt, überhaupt erhalten könnte, bleibt das Restrisiko, dass das Finanzamt die Nachweise nicht akzeptiert und nichtsdestotrotz eine Berufsträgerbescheinigung anfordert oder es bei der Anwendung der Pauschalbesteuerung belassen wird.

Fraglich wird sein, ob es von der Finanzverwaltung als zulässig erachtet werden wird, falls für den individuell betroffenen Anleger die Investmentgesellschaft, die den ausländischen Investmentfonds administriert, die Nachweise dem entsprechen-

---

[50] *Höring*, DStZ 2015, 357, 358; *Meinert*, NWB 2015, 1325, 1329.
[51] *Höring*, DStZ 2015, 357, 358; *Meinert*, NWB 2015, 1325, 1329.

den Finanzamt zur Verfügung stellt und als „Ansprechpartner" für die Finanzverwaltung agieren wird (zum Beispiel im Rahmen der Erläuterungen der Summen- und Saldenlisten etc.).

Kritisch gesehen werden muss, dass das BMF-Schreiben nicht die Frage adressiert, ob die Möglichkeit des Nachweises der tatsächlichen Höhe der Investmenterträge auch bei einer Beteiligung an deutschen Fonds gilt. Indem das Schreiben explizit an den „van Caster und van Caster"-Fall anknüpft, könnten insoweit durchaus Zweifel angebracht sein. Um eine Inländerdiskriminierung zu vermeiden, ist aber davon auszugehen, dass die Verwaltungsregelung auch auf deutsche Investmentfonds anzuwenden ist.

Weiterhin muss kritisiert werden, dass das BMF-Schreiben keine Aussagen dazu enthält, ob entsprechend zu verfahren ist, wenn Dachfonds Anteile an intransparenten Zielfonds im Portfolio haben. Es werden hier wohl die Grundsätze des EuGH-Urteils und des BMF entsprechend anzuwenden sein, sodass die Nachweise gegenüber dem Dachfonds (und dessen steuerlichen Berater) zu erbringen sind.

Für betroffene Fondsmanager und Fondsverwaltungsgesellschaften wird sich in der Praxis die Frage stellen, ob sie proaktiv die steuerlichen Berichtsobliegenheiten für intransparente Fonds nachträglich erfüllen und die Informationen ihren Anlegern zur Verfügung stellen sollen. Dies kann sich aus verschiedenen Gründen empfehlen, etwa aus Reputationsgründen, um Nachfragen verschiedener Investoren zuvorzukommen oder um den Fall von Rückgriffsansprüchen nach Möglichkeit auszuschließen.

Das BMF-Schreiben vom 4. Februar 2015/28. Juli 2015 behandelt allgemein, wie der Anleger eines Fonds, der die Steuerdaten bzw. Besteuerungsgrundlagen nicht gemäß § 5 InvStG veröffentlicht hat, erreichen kann, dass er nicht nach § 6 InvStG, sondern letztlich nach seinen tatsächlichen Erträgen besteuert werden kann. Leider geht das BMF-Schreiben nicht auf den Sonderfall ein, dass für einen Investmentfonds zwar Besteuerungsgrundlagen nach § 5 InvStG ermittelt wurden, allerdings deren rechtzeitige Veröffentlichung im Bundesanzeiger verabsäumt wurde.

Seitens der deutschen Fondsindustrie und deren Interessenverbände wurde daher in einem Schreiben vom 26. Februar 2015 an das BMF angeregt, diesen Sonderfall in einer neuen Nr. 3 eines angepassten BMF-Schreibens speziell wie folgt zu regeln:[52]

---

[52] Vgl. *Höring*, DStZ 2015, 543.

3.5 Reaktionen der Finanzverwaltung

Sollten die Besteuerungsgrundlagen nach § 5 Abs. 1 InvStG zwar ermittelt worden, die Bekanntmachung im Bundesanzeiger aber nicht rechtzeitig erfolgt sein, legt das zuständige Finanzamt die ermittelten Besteuerungsgrundlagen zugrunde, wenn

die Besteuerungsgrundlagen nebst Berufsträgerbescheinigung im Bundesanzeiger bis zum Ende des Kalenderjahres bekannt gemacht worden sind, das auf das Kalenderjahr folgt, in dem beim Anleger der steuerliche Zufluss der Jahresendausschüttung oder der Thesaurierung erfolgt, und

die letztlich im Bundesanzeiger bekannt gemachten Steuerdaten mit den Daten übereinstimmen, die auch an WM Datenservice bereits übermittelt worden waren, und

die Investmentgesellschaft das Bundeszentralamt für Steuern über die insgesamt verspätete Bekanntmachung im Bundesanzeiger informiert.

Banken können in diesem Fall weiter auf die von WM Datenservice bereitgestellten Daten abstellen und Anleger müssen in ihrer Veranlagung weder besonders auf den Fall der verspätet bekannt gemachten Steuerdaten hinweisen noch einen weiteren Nachweis führen.

Begründet wurde diese Initiative wie folgt: In der Praxis kann es in Einzelfällen vorkommen, dass in Deutschland vertriebene Fonds – aus welchen Gründen auch immer – nicht rechtzeitig die Steuerdaten/Besteuerungsgrundlagen im Bundesanzeiger veröffentlichen. In diesem für die jeweilige Investmentgesellschaft/Kapitalverwaltungsgesellschaft sicherlich mit erheblichen Reputationsrisiken verbundenen Szenario werden dabei typischerweise im Vorfeld der Veröffentlichung im Bundesanzeiger und im zeitlichen Zusammenhang mit der Ausschüttung/Thesaurierung die korrekten Steuerdaten über WM Datenservice den depotführenden Stellen in Deutschland zur Verfügung gestellt, die wiederum diese Steuerdaten bereits ihren Buchungen zugrunde legen.[53]

In einem solchen Fall liegen sowohl ordnungsgemäß ermittelte und von einem Berufsträger bestätigte Steuerdaten vor, die auch von den depotführenden deutschen Banken entsprechend berücksichtigt worden sind. Gleichwohl könnten sie aber nach ihrem oben genannten Schreiben nicht unmittelbar verwandt werden, nur weil im Nachgang ein formaler Fehler bei der Veröffentlichung der Steuerdaten im Bundesanzeiger aufgetreten ist.[54]

In einem solchen Szenario können schnell viele deutsche Anleger genötigt sein, im Wege der Einzelveranlagung die Berücksichtigung der richtigen Steuerdaten bei ihrem individuell zuständigen Finanzamt geltend zu machen, nur um die Anwendung von § 6 InvStG zu vermeiden. Eine Veranlagung im Einzelfall wür-

---

[53] Vgl. *Höring*, DStZ 2015, 543, 544.
[54] Siehe *Höring*, DStZ 2015, 543, 544.

de dabei notwendig, obwohl die deutschen depotführenden Stellen die Ausschüttung/Thesaurierung materiell schon korrekt abgebildet hatten.[55] Dies würde insbesondere sowohl für die betroffenen Finanzämter als auch für die jeweiligen Anleger eine erhebliche Belastung darstellen, die schon dem Grunde nach überflüssig ist, weil die korrekten, über WM Datenservice kommunizierten Steuerdaten von den deutschen depotführenden Stellen bereits verarbeitet wurden und das materiell richtige steuerliche Ergebnis somit bereits hergestellt wurde.[56]

Mit dem obigen Vorschlag kann der Arbeitsaufwand bei allen Beteiligten so gering wie möglich gehalten werden. Durch eine Information des BZSt durch die Kapitalverwaltungsgesellschaften/Investmentgesellschaften wird sichergestellt, dass die relevanten Fälle der Finanzverwaltung bekannt sind. Im Hinblick auf die verspätete Bekanntmachung im Bundesanzeiger könnte zudem an eine analoge Anwendung der Regeln des Verspätungszuschlages nach § 152 Abs. 2 AO gedacht und der zu spät bekannt gebenden Investmentgesellschaft/Kapitalverwaltungsgesellschaft ein Verspätungszuschlag von 25.000 Euro auferlegt werden.[57]

Das BMF hat mit Schreiben vom 22. April 2015[58] auf die Anfrage der Fondsindustrie und der Interessenverbände reagiert und in Bezug auf eine Verlängerung der Veröffentlichungsfrist des § 5 Abs. 1 Satz 1 Nr. 2 Satz 1 und § 5 Abs. 1 Satz 1 Nr. 3 Satz 1 InvStG mitgeteilt, dass dieser Vorschlag, der die Aufhebung einer gesetzlichen Frist und Schaffung einer anderen Frist durch Verwaltungserlass beinhalte, nach Abstimmung mit den obersten Finanzbehörden der Länder nicht befürwortet werden könne. Die Investmentfonds haben es selbst in der Hand, durch rechtzeitige Veröffentlichung der Besteuerungsgrundlagen etwaigen Zusatzaufwand auf Seiten der Anleger zu vermeiden.[59]

3.6 Kritik

Insgesamt gesehen ist das Urteil des EuGH zur Regelung der deutschen Pauschalbesteuerung zwar zu begrüßen, jedoch erweisen sich in der Praxis wiederum Hürden für den Anleger (und auch die deutsche Finanzverwaltung), die es zu bedenken

---

[55] Vgl. *Höring*, DStZ 2015, 543, 544.
[56] Vgl. *Höring*, DStZ 2015, 543, 544.
[57] Siehe *Höring*, DStZ 2015, 543, 544.
[58] BMF-Schreiben vom 22.04.2015, IV C 1 – S 1980 – 1/11/10014 :005, n. v.; siehe *Höring*, DStZ 2015, 543, 544.
[59] Siehe *Höring*, DStZ 2015, 543, 544.

3.6 Kritik

und zu meistern gilt. Der EuGH hat die bis dato umstrittene Frage der Europarechtswidrigkeit von § 6 InvStG bejaht.[60]
Die Auffassung des EuGH, dass deutsche Steuerpflichtige alle notwendigen Angaben, die für die Ermittlung der steuerpflichtigen Erträge nach den Regeln des deutschen Steuerrechts erforderlich sind, von einem ausländischen Fonds oder dessen Verwaltungsgesellschaft erhalten könne – eingedenk der Tatsache, dass dieses selbst kaum eine ordnungsgemäße Ertragsermittlung nach dem InvStG vornehmen können, weder IT-seitig noch steuerrechtlich –, ist somit kaum der Realität entsprechend.

Investoren sind auf präzise unterliegende Daten und Informationen angewiesen. Allerdings werden die ausländischen Investmentfonds bzw. Verwaltungsgesellschaften die notwendigen Angaben nicht kennen (zum Beispiel die Zusammensetzung von Ausschüttungen oder die Qualifizierung von Kapitalforderungen für die Berücksichtigung von entsprechenden Veräußerungsgewinnen bei den ausschüttungsgleichen Erträgen). Der Steuerpflichtige wird nicht umhin kommen, eventuell auf seine Kosten einen externen Berater mit der Ermittlung der Besteuerungsgrundlagen zu beauftragen, was wiederum voraussetzt, dass der Investmentfonds bzw. die Verwaltungsgesellschaft die unterliegenden Daten überhaupt liefern kann.

Kritiker des Urteils könnten sich auf den Standpunkt stellen, dass es doch in der Verantwortung der ausländischen Investmentgesellschaft liege, vor Auflegung eines Investmentfonds darüber zu entscheiden, ob ihr der deutsche Markt bedeutsam genug erscheint, um von vornherein den Anforderungen des deutschen Investmentsteuerrechts nachzukommen. Diesen kann entgegnet werden, dass die Kritiker außer Acht lassen, dass die Erfüllung der Anforderungen des § 5 Abs. 1 InvStG mittlerweile einen hohen Administrationsaufwand auslöst, der durch die bloße Möglichkeit, deutsche Investoren zu gewinnen, nicht stets gerechtfertigt ist.[61] Zudem kommt es bei der Initiierung eines Investmentfonds – gerade bei einem globalen Vertriebsansatz – in erster Linie auf die Performance bzw. Wertsteigerung an.

Positiv zu beurteilen ist allerdings, dass de facto mit diesem Urteil die Frist von vier Monaten nach Geschäftsjahresende in Bezug auf die Bekanntmachung der Besteuerungsgrundlagen nach § 5 Abs. 1 InvStG abgeschafft ist. Investmentfonds, die auf den deutschen Markt zielen, werden derweil weiterhin die Besteuerungs-

---

[60] Vgl. *Höring*, DStZ 143, 144; *Höring*, StBp 2015, 295, 299; *Quinten/Wölfert/Schiefer*, DStZ 2014, 170; *Kammeter*, ISR 2014, 63; *Brielmaier/Wünsche*, IStR 2013, 731; *Wulf/Ruske*, Stbg 2013, 323; *Büttner/Mücke* in *Berger/Steck/Lübbehüsen*, InvG InvStG, § 6 InvStG, Rdnr. 5.
[61] *Angsten*, NWB 2014, 797, 799.

grundlagen ermitteln und bekanntmachen (wollen). Denn hier besteht der Druck des Faktischen und des eingangs Gesagten: Wer nur unter großen Hürden und mit Mehrkosten die erforderlichen Nachweise der Besteuerungsgrundlagen erbringen kann, baut faktisch ein Vertriebshindernis auf dem deutschen Markt auf. Dennoch entfällt mit der Anwendung des EuGH-Urteils in der Rs. van Caster auch hier einstweilen die Gefahr einer verspäteten Veröffentlichung.

Die Argumentation des EuGH zur Beschränkung der Kapitalverkehrsfreiheit durch § 6 InvStG ließe sich darüber hinaus noch mit einer zusätzlichen Überlegung begründen: Nach der Rechtsprechung des EuGH dürfen in anderen Mitgliedstaaten ansässige Gesellschaften nicht in ihrem Bemühen behindert werden, in dem betreffenden Mitgliedstaat Kapital einzusammeln.[62] Hiergegen verstößt die für intransparente Fonds geltende Pauschalbesteuerung ebenfalls, weil sie eine signifikante Behinderung beim Vertrieb im Ausland beheimateter Fonds an in Deutschland ansässige Anleger darstellt.[63]

Das BMF-Schreiben vom 4. Februar 2015/28. Juli 2015 versucht, die Vorgaben des EuGH übergangsweise festzusetzen. Der Steuerpflichtige wird jedoch zur Vorlage von Unterlagen verpflichtet, die er in der Praxis regelmäßig kaum beibringen kann. Deshalb stellt sich die Frage, ob das BMF-Schreiben wirklich den Anforderungen des EuGH genügt. Insbesondere wird der vom EuGH erwogene Ansatz, dass die Finanzverwaltung durch internen Informationsaustausch bzw. gegenseitige Amtshilfe die entsprechenden Besteuerungsgrundlagen ermittelt, in keiner Weise aufgenommen. Vielmehr wird die gesamte Darlegungs- und Beweislast dem Steuerpflichtigen aufgebürdet und dies in einer Weise, die einer Veröffentlichung der Unterlagen gleichkommt, obwohl dies gerade vom EuGH in seinem Urteil von dem Steuerpflichtigen nicht abverlangt wurde.

Da die Anforderungen des BMF-Schreibens an die vorzulegenden Unterlagen sehr hoch sind, dürfte es in vielen Fällen wohl nicht gelingen, die entsprechenden Nachweise zu führen. Daher kann ein Einspruch gegen die entsprechenden Steuerbescheide zu empfehlen sein, weil das aktuelle BMF-Schreiben die Vorgaben des EuGH-Urteils nur unvollständig umsetzt.

Aufgrund der EuGH-Entscheidung ist zu erwarten, dass bei den Finanzämtern vermehrt Anträge auf Berücksichtigung von selbst ermittelten Besteuerungsgrundlagen eingehen werden. Unabhängig davon, ob die Anträge auf einer gesetzeskonformen Ermittlung auf Basis der von den Fonds zur Verfügung gestellten Geschäftsvorfälle oder eher auf Schätzungen beruhen, wird sich der Aufwand bei den Finanzämtern deutlich erhöhen. Während man bislang nur in einzelnen Betriebs-

---

[62] Siehe EuGH-Urteil vom 07.09.2004, C-319/02, „Manninen", BB 2004, 871.
[63] Siehe auch *Schraufl*, PIStB 2014, 62, 64.

3.6 Kritik

prüfungs- und Veranlagungsstellen der Länder sowie im BZSt Spezialisten für das Investmentsteuerrecht brauchte, wird zukünftig potenziell in jedem Finanzamt entsprechend geschultes Personal benötigt. Der hierfür zu betreibende Aufwand dürfte insgesamt betrachtet außer Verhältnis zu der Höhe der zu erwartenden Steuer stehen.

Offen bleibt damit aber weiterhin, wie der deutsche Gesetzgeber das EuGH-Urteil vom 9. Oktober 2014 umsetzt. Es ist zunächst essentiell, die Norm des § 6 InvStG dahingehend zu ergänzen, dass dem Steuerpflichtigen unter Beibehaltung der pauschalen Besteuerung vorrangig die Möglichkeit eingeräumt wird, individuell die steuerrelevanten Erträge nachzuweisen. Die Beibehaltung der Pauschalbesteuerung könnte Auslandsfonds andererseits dazu anhalten, zumindest in abgeschwächter Form die Besteuerungsgrundlagen offenzulegen. Weiterhin sollte für den Fall des unterbliebenen Nachweises ausländischer Quellensteuern die „semi-transparente" Besteuerung nach § 5 Abs. 1 Satz 2 InvStG entsprechend anwendbar sein. Das vorliegende BMF-Schreiben sieht dies ausdrücklich vor. Schließlich wäre zur Gewährleistung einer einheitlichen Besteuerung als weitere Voraussetzung aufzunehmen, dass zwischen der Bundesrepublik Deutschland und dem jeweiligen Staat aufgrund der Amtshilferichtlinie (§ 2 Abs. 2 EU-Amtshilfegesetzes) oder einer vergleichbaren zwei- oder mehrseitigen Vereinbarung die für die Besteuerung erforderlichen Auskünfte erteilt werden.

Zudem stellt sich die kritische Frage, ob mit dem BMF-Schreiben die Anforderungen an den Nachweis der tatsächlichen Einkünfte nicht unangemessen hochgeschraubt wurden (das Finanzamt hat dabei ein entscheidendes Auswahlermessen), sodass wiederum gegen das Unionsrecht verstoßen wird. Nach dem Grundsatz des „*Effet Utile*" darf nämlich nationales Verwaltungsrecht nicht so ausgestaltet sein, dass die Verwirklichung von Gemeinschaftsrecht unmöglich wird.[64]

Überdies lässt das BMF-Schreiben offen, wie mit der Ersatzwertbesteuerung des Zwischengewinns und beim betrieblichen Anleger zusätzlich mit dem Aktiengewinn umgegangen werden soll.[65]

Das BMF-Schreiben klärt auch nicht die Frage, ob der Nachweis der optionalen Angaben auch bei sogenannten semi-transparenten Fonds möglich sein kann. Dies müsste bei weiterer Auslegung des EuGH-Urteils erlaubt sein, weil ansonsten semi-transparente Investmentfonds gegenüber schwarzen Fonds benachteiligt sein würde. Semi-transparente Fonds veröffentlichen zwar die Investmenterträge ordnungsgemäß, es werden jedoch keine weiteren Angaben zu steuerentlastenden

---

[64] Vgl. EuGH-Urteil vom 21.09.1983, Rs. C-205/82, „Deutsche Milchkontor", Slg. 1983, 2633, Rn. 3.
[65] *Meinert*, NWB 2015, 1325, 1329; *Höring* StBp 2015, 295, 299.

Merkmalen gemacht. Letzteres muss nun vom Anleger im Rahmen der Veranlagung nachgereicht werden können.[66]

Im Ergebnis würde mit einer entsprechenden Regelung dem Verhältnismäßigkeitsgrundsatz entsprochen, weil letztlich der Anleger die Verantwortung für die Abwendung der Pauschalbesteuerung trägt. Außerdem wäre dem Bedürfnis der Finanzverwaltung nach einer effizienten und gleichmäßigen Besteuerung nicht nur vorübergehend Rechnung getragen. Auf der anderen Seite würde somit (und wird effektiv durch das BMF-Schreiben vom 4. Februar 2015/28. Juli 2015) die Europarechtswidrigkeit der Pauschalbesteuerung in gewisser Weise fortgeführt, weil allein die hohen Nachweisanforderungen vor Investments in die betroffenen ausländischen Fonds abschrecken und somit den freien Kapitalverkehr vereiteln werden.

Ultimativ ist also der Gesetzgeber gefordert, der die Regelung des § 6 InvStG europarechtskonform ausgestalten muss. Letztlich lässt sich konstatieren, dass nur die Abkehr von einer pauschalen Besteuerung, die unabhängig von glaubhaften Nachweisen, alternativen Schätzungsmöglichkeiten und den vorherrschenden Marktgegebenheiten (etwa den einschlägigen Referenzzinssätzen) gilt, unvermeidbar sein wird.[67] Dieses wird auch vor dem Hintergrund der aktuellen Diskussion der großen Investmentsteuerreform zu sehen sein.

Literatur

Angsten, Stefan, Investmentsteuerliche Pauschalbesteuerung verstößt gegen Unionsrecht, IWB 2014, 797–802.

Apel, Rüdiger, Europarechtswidrigkeit der Pauschalbesteuerung für Investmentfonds, NWB-EV 2012, 357–359.

Baur, Jürgen/Tappen, Falko, (Hrsg.), Investmentgesetze Band 2: §§ 273 – 355 KAGB; InvStG, 3. Auflage, Berlin 2015.

Berger, Hanno/Steck, Kai-Uwe/Lübbehüsen, Dieter, (Hrsg.), Investmentgesetz, Investmentsteuergesetz, 1. Auflage, München 2010.

Brielmaier, Bernhard/Wünsche, Sybille, Anmerkung zu den Schlussanträgen des Generalanwalts Wathelet in der Rs. van Caster, IStR 2014, 104–106.

Brielmaier, Bernhard/Wünsche, Sybille, Europarechtswidrigkeit des § 6 InvStG? – Eine europarechtliche Würdigung der Pauschalbesteuerung vor dem Hintergrund der aktuellen Rechtsprechung deutscher Finanzgerichte und der Literaturdiskussion, IStR 2013, 731–738.

---

[66] *Elser/Thiede,* NWB-EV 2015, 104, 106.
[67] Vgl. *Terhürne/Otto,* DStR 2013, 2037, 2040.

Egner, Thomas/Wölfert, Jessica, Pauschalbesteuerung von Investmenterträgen i. S. des § 6 InvStG, DStR 2013, 381–388.

Elser, Thomas/Thiede, Frank, BMF eröffnet Möglichkeit zur Korrektur der Strafbesteuerung bei Fondsinvments, NWB-EV 2015, 104–107.

Haase, Florian, (Hrsg.), Investmentsteuergesetz, 2. Auflage, Stuttgart 2015.

Höring, Johannes, Die Auswirkungen des EuGH-Urteils zur Unionrechtswidrigkeit der Pauschalbesteuerung von Investmenterträgen, StBp 2015, 295–299.

Höring, Johannes, InvStG: Anwendung des § 6 InvStG bei verspäteter Veröffentlichung der Besteuerungsgrundlagen; Umsetzung des EuGH-Urteils v. 9.10.2014 in der Rechtssache C-326/12 (van Caster und van Caster), DStZ 2015, 543–544.

Höring, Johannes, § 6 InvStG: BMF regelt Verfahren bis zu einer gesetzlichen Umsetzung des EuGH-Urteils vom 9.10.2014 in der Rechtssache C-326/12 (van Caster und van Caster), DStZ 2015, 357–358.

Höring, Johannes, Besteuerung von Erträgen aus Investmentfonds gem. § 6 InvStG: EuGH-Urteil in der Rs. C-326/12 „van Caster und van Caster", DStZ 2015, 143.

Höring, Johannes, Pauschale Besteuerung von Erträgen aus Investmentfonds, die den Bekanntmachungs- und Veröffentlichungsverpflichtungen nicht nachkommen, DStZ 2014, 828–829.

Höring, Johannes, Investmentsteuergesetz; Besteuerung ausländischer „schwarzer" Investmentfonds rechtens, DStZ 2012, 638–639.

Höring, Johannes, Investmentsteuergesetz; pauschale Besteuerung von Erträgen aus sog. „intransparenten" Investmentvermögen gemäß § 6 InvStG eventuell europarechtswidrig – Beschlussvorlage an EuGH, DStZ 2012, 603–604.

Höring, Johannes, Investmentsteuergesetz; §§ 5 und 6 InvStG sind unionsrechtskonform und verfassungsgemäß, DStZ 2012, 602–603.

Jesch, Thomas/Klebeck, Ulf/Dobrauz-Saldapenna, Günther, Investmentrecht, 1. Auflage, München 2014.

Jesch, Thomas/Haug, Felix, Das Ende der Pauschalbesteuerung im Investmentsteuerrecht?, DStZ 2015, 130–136.

Jörißen, Ann-Erika, Europarechtliche Konformität der Pauschalbesteuerung intransparenter Investmentfonds, StBW 2013, 217–221.

Kammeter, Susann, Anmerkung zu den Schlussanträgen des Generalanwalts (EuGH, 21.11.2013, C 326/12, ISR 2014, 62) – Zur Frage, ob die §§ 5, 6 InvStG trotz formaler Gleichbehandlung von in- und ausländischen Investmentfonds eine nach Art. 63 AEUV verbotene Beschränkung des freien Kapitalverkehrs darstellen, ISR 2014, 63–65.

Meinert, Matthias, BMF zu Einkünften aus sog. intransparenten Investmentfonds, NWB 2015, 1325–1329.

Patzner, Andreas/Nagler, Jürgen, Die Konsequenzen des EuGH-Urteils vom 9.10.2014 in der Rs. C-326/12, Rita und Patrick van Caster sowie des anhängigen EuGH-Verfahrens in der Rs. C-560/13, Wagner-Raith für die Ertragsbesteuerung intransparenter gebietsfremder Investmentfonds, IStR 2014, 848–855.

Quinten, Roland/Wölfert, Jessica/Schiefer, Florian, Unionsrechtliche Zweifel an der Pauschalbesteuerung i. S. d. § 6 i. V. m. § 5 Abs. 1 InvStG – Anmerkungen zu den Schlussanträgen in der Rs. C-326/12 vom 21.11.2013, DStZ 2014, 170–176.

Rohde, Konrad/Neumann, Steffen, Besteuerung von Erträgen aus intransparenten Publikums-Investmentvermögen bei Privatanlegern, FR 2012, 247–254.

Schraufl, Martin, Pauschalbesteuerung von Investmentfondsanlagen auf dem europarechtlichen Prüfstand, PIStB 2014, 62–66.

Talaska, Peter/Gomes, Christian Esteves, EuGH urteilt: Pauschalbesteuerung von intransparenten Fonds verstößt gegen EU-Recht, Stbg 2014, 504.

Terhühne, Markus/Otto, Frank, Reformansätze zur Weiterentwicklung des InvStG im Rahmen der privaten Kapitalanlage, DStR 2013, 2037–2041.

Wulf, Martin/Ruske, Alexander, Aktuelle Übersicht zur Besteuerung von Investmentfondserträgen bei den Privatanlegern, Stbg 2013, 323–327.

Das Verfahren des EuGH in der Rs. C-560/13, Wagner-Raith

4.1 Allgemeines

Nach dem EuGH-Urteil vom 9. Oktober 2014 zu Fragen der Pauschalbesteuerung von Investmentfonds nach den Vorgaben des ab 2004 geltenden § 6 InvStG liegt dem EuGH mit der Rs. C-560/13, Wagner-Raith, nun die Frage vor, ob die bis einschließlich 2003 geltende Pauschalbesteuerung gebietsfremder Investmentfonds nach § 18 Abs. 3 AuslInvestmG auch in Drittstaatenfällen gegen die Kapitalverkehrsfreiheit verstößt.

Die Regelung des § 18 Abs. 3 AuslInvestmG unterlag seit jeher Zweifeln hinsichtlich der Vereinbarkeit mit dem GG und dem Unionsrecht.[1] Die verfassungsrechtlichen Bedenken ergaben sich hauptsächlich aus der Ungleichbehandlung von ausländischen und inländischen Investmentanteilen und der Frage, ob die Ausgestaltung des § 18 AuslInvestmG allgemeinen verfassungsrechtlichen Grundsätzen standhält.[2]

Schon im Jahr 2005 hatte der BFH im Rahmen eines Verfahrens des einstweiligen Rechtsschutzes ernstliche Zweifel an der Vereinbarkeit von § 18 Abs. 3 Satz 4 AuslInvestmG mit dem in Art. 3 Abs. 1 GG niedergelegten Grundrecht auf Gleichbehandlung sowie dem aus Art. 14 GG abzuleitenden Verbot der übermäßigen Besteuerung geäußert.[3] Ein Verstoß gegen den allgemeinen Gleichheitssatz gemäß Art. 3 Abs. 1 GG ist grundsätzlich anzunehmen, wenn eine Gruppe von Normadressaten im Vergleich zu anderen Normadressaten anders behandelt wird, obwohl zwischen beiden Gruppen keine Unterschiede von solcher Art und sol-

---

[1] Vgl. zum Beispiel *Geurts*, IStR 2012, 953, 955 f.; *Jesch/Haug*, DStZ 2015, 131, 132.
[2] *Hagen/Groseta/Hackemann/Schilling* in *Baur/Tappen*, Investmentgesetze, Bd. 2, § 6 InvStG, Rdnr. 74.
[3] Siehe BFH-Beschluss vom 14.09.2005, VIII B 40/05, BFH/NV 2006, 508 (Instanzenzug: Urteil des FG Köln vom 07.01.2005, 11 V 4042/04, EFG 2005, 511). Siehe auch *Geurts*, IStR 2012, 953, 955 f.

chem Gewicht bestehen, dass sie die ungleiche Behandlung rechtfertigen können.[4] Die maßgebliche Ungleichbehandlung nach Art. 3 Abs. 1 GG bestehe in Bezug auf § 18 Abs. 3 Satz 4 AuslInvestmG nun darin, dass es eine § 18 Abs. 3 Satz 4 AuslInvestmG entsprechende Pauschalbesteuerung weder für inländische Investmentanteile noch für ausländische Investmentanteile gemäß §§ 17, 18 Abs. 1 AuslInvestmG gebe, bei denen zum Beispiel Zwischengewinne in tatsächlicher Höhe angesetzt würden.[5]

Hinsichtlich der Vereinbarkeit mit Gemeinschaftsrecht waren ebenfalls schon Verfahren beim BFH anhängig:[6] In dem Urteil des BFH vom 18. November 2008 kommt der BFH zu dem Ergebnis, dass die in § 18 Abs. 3 AuslInvestmG geregelte Pauschalbesteuerung von Erträgen aus sogenannten „schwarzen Fonds" (bzw. aus intransparenten ausländischen Investmentanteilen) gegen das Gemeinschaftsrecht, insbesondere die in den Artikeln 73b bis 73g EGV (Art. 56 bis 58 EG, jetzt Art. 63 bis 65 AEUV) geregelte Freiheit des Kapitalverkehrs verstößt.[7] Das BMF hat dieses Urteil mit Schreiben vom 6. Juli 2009 in Bezug auf Investmentvermögen in Mitgliedstaaten der EU für anwendbar erklärt.[8]

Mit dem BFH-Urteil vom 25. August 2009 hat der BFH seine Entscheidung auch auf Fonds aus Drittstaaten ausgedehnt.[9] Nach Abstimmung zwischen den obersten Finanzbehörden des Bundes und der Länder sollten die Urteile vom 25. August 2009 zunächst nicht veröffentlicht und eine Entscheidung des VIII. BFH-Senats in dem Revisionsverfahren VIII R 2/09 abgewartet werden.[10]

Mit Beschluss vom 7. Februar 2013 wurde in dem Verfahren VIII R 2/09 der Große Senat angerufen. Gegenstand dieser Anrufung sind allerdings Zustellungsfragen.[11]

Entsprechend hatte das FG Baden-Württemberg zugunsten der Klägerin Ingeborg Wagner-Raith entschieden, dass im zur Entscheidung vorliegenden Fall § 18 Abs. 3 AuslInvestmG nicht anzuwenden sei. Das Finanzamt Ulm legte Revision gegen das Urteil ein. Das BMF trat der Revision bei und beantragte die Aufhebung

---
[4] BVerfG-Urteile vom 14.03.2000, 1 BvR 284/96, 1 BvR 1659/96, BVerfGE 102, 41, 54, NJW 2000, 1855.
[5] *Jesch/Haug,* DStZ 2015, 131, 132.
[6] *Jesch/Haug,* DStZ 2015, 131, 132; BFH-Urteil vom 18.11.2008, VIII R 2/06, BFH/NV 2009, 731; BFH-Urteil vom 18.11.2008, VIII R 24/07, BStBl II 2009, 518; vgl. *Kurth,* BB 2008, 1710 ff.
[7] BFH-Urteil vom 18.11.2008, VIII R 24/07, BStBl II 2009, 518.
[8] BMF-Schreiben vom 06.07.2009, IV C 1 – S 1980-a/07/0001, BStBl I 2009, 770.
[9] BFH-Urteile vom 25.08.2009, I R 88-89/07, BFH/NV 2009, 2047.
[10] *Jesch/Haug,* DStZ 2015, 131, 132.
[11] *Jesch/Haug,* DStZ 2015, 131, 132; zu Entscheidung des BFH vom 28.07.2015, VIII R 2/09, siehe unten unter 4.6.

des Urteils des FG Baden-Württemberg, weil § 18 Abs. 3 AuslInvestmG durch die sogenannte „Stand-still-Klausel" in Bezug auf Drittstaaten weiter anwendbar sei. Der BFH wollte abschließend klären lassen, ob die Voraussetzungen für die Stand-still-Klausel vorliegen und hat die Frage, ob § 18 Abs. 3 AuslInvestmG eine Vorschrift in Zusammenhang mit Direktinvestitionen oder der Erbringung von Finanzdienstleistungen ist, isoliert dem EuGH vorgelegt. Der BFH hat somit mit Vorlagebeschluss vom 6. August 2013 (zusätzlich) den EuGH angerufen, um klären zu lassen, ob die bis Ende 2003 geltende Regelung des § 18 Abs. 3 AuslInvestmG gegen die europäische Kapitalverkehrsfreiheit verstieß.[12] Trotz der Offensichtlichkeit entschloss sich der BFH zur Vorlage beim EuGH, weil es aufgrund der EuGH-Entscheidung in der Rs. C-39/11 zweifelhaft sei, ob § 18 Abs. 3 AuslInvestmG am Maßstab der Kapitalverkehrsfreiheit überprüft werden könne oder Bestandsschutz genieße.[13]

Am 18. Dezember 2014 hat der Generalanwalt beim EuGH in der Rs. Wagner-Raith seinen Schlussantrag vorgelegt. Dabei hat er die Auffassung vertreten, dass die Regelung in § 18 Abs. 3 AuslInvestmG, welche als Vorgängerregelung des § 6 InvStG eine Pauschalbesteuerung bei (ausländischen) sogenannten „schwarzen Fonds" (also Investmentfonds, die keine Besteuerungsgrundlagen nachweisen) vorsieht, vom Schutzbereich der Kapitalverkehrsfreiheit wegen der Stillhalte-Klausel des Art. 57 Abs. 1 EG (jetzt Art. 64 Abs. 1 AEUV) ausgenommen ist.

4.2 Inhalt

Mit Beschluss vom 6. August 2013 hat der BFH den EuGH im Hinblick auf die Besonderheiten der Kapitalverkehrsfreiheit im Zusammenhang mit der Beteiligung an (auf den Cayman Islands domizilierten) Drittstaatenfonds ohne Nachweis der Besteuerungsgrundlagen, die inländische Investoren über ein Liechtensteinisches Depot hielten, um Auslegung des Gemeinschaftsrechts ersucht. Der BFH hatte dem EuGH die Frage vorgelegt, ob die bis Ende 2003 geltende deutsche Regelung im AuslInvestmG zur Besteuerung von Erträgen aus ausländischen sogenannten „schwarzen Fonds", die Pauschalbesteuerung von sogenannten „schwarzen Fonds" nach dem AuslInvestmG, in einem Drittstaatenfall unionsrechtswidrig sei.

Der BFH hat Zweifel an der Unionsrechtskonformität der bis Ende 2003 geltenden Besteuerung ausländischer Investmentfonds (§ 18 Abs. 3 AuslInvestmG)

---

[12] BFH-Beschluss vom 06.08.2013, VIII R 39/12, BFH/NV 2013, 1976.
[13] BFH-Beschluss vom 06.08.2013, VIII R 39/12, BFH/NV 2013, 1976; vgl. EuGH-Urteil vom 07.06.2012, C-39/11, RIW 2012, 554.

und hat dem EuGH sinngemäß folgende Rechtsfragen zur Vorabentscheidung vorgelegt:[14]

1. Steht die Kapitalverkehrsfreiheit (Art. 56 EG) der Regelung des § 18 Abs. 3 AuslInvestmG bei Beteiligungen an Drittstaatenfonds deshalb nicht entgegen, weil diese seit 1993 nahezu unveränderte Regelung den Bestandsschutz gem. Art. 57 Abs. 1 EG (sog. stand still clause) genießt?

Sofern die Frage 1 nicht bejaht wird:

2. Stellt die Beteiligung an einem solchen Drittstaatenfonds stets eine Direktinvestition i. S. d. Art. 57 Abs. 1 EG dar oder ist die Antwort hierauf davon abhängig, ob die Beteiligung dem Anleger die Möglichkeit gibt, sich effektiv an der Verwaltung oder der Kontrolle des Investmentfonds zu beteiligen?

In diesem aktuellen Streitfall war die Klägerin bis 2003 an „schwarzen" Investmentfonds mit Sitz auf den Cayman Islands beteiligt. Das Finanzamt wandte die Pauschalregelung nach § 18 Abs. 3 AuslInvestmG an und lehnte es ab, die von der Klägerin im Einzelnen nachgewiesenen – deutlich niedrigeren – tatsächlichen Erträge der Besteuerung zugrunde zu legen. Die hiergegen gerichtete Klage vor dem FG Baden-Württemberg hatte Erfolg. Das Finanzamt ging in Revision.[15]

Das folgende Problem stellte sich: Erträge aus inländischen und ausländischen Investmentfonds wurden bis Ende 2003 unterschiedlich besteuert.

Bei inländischen Fonds wurden nach dem Gesetz über Kapitalanlagegesellschaften (KAGG) grundsätzlich die tatsächlichen Erträge besteuert. Sofern die Höhe der Erträge nicht nachgewiesen wurde, waren diese zu schätzen. Bei ausländischen Fonds allerdings galt nach § 18 Abs. 2 AuslInvestmG die Regelung, dass der Fonds, der nicht die Anzeige- und Mitwirkungspflichten gemäß § 17 Abs. 3 AuslInvestmG für sogenannte „weiße Fonds" erfüllte, die Besteuerungsgrundlagen mittels Unterlagen in deutscher Sprache nachzuweisen hatte, sowie einen Vertreter mit Sitz oder Wohnsitz in Deutschland zu bestellen, der diese gegenüber den deutschen Finanzbehörden vertreten kann (sogenannter „grauer Fonds"). Wurde auch dieser Nachweis vom Fonds nicht einwandfrei erbracht oder kein Vertreter bestellt, lag ein sogenannter „schwarzer Fonds" vor.[16]

Bei einem solchen sogenannten „schwarzen Fonds" waren nach § 18 Abs. 3 AuslInvestmG beim Empfänger neben Ausschüttungen auf ausländische Investmentanteile 90 Prozent des Mehrbetrags anzusetzen, der sich zwischen dem ersten

---

[14] BFH-Beschluss vom 06.08.2013, VIII R 39/12, BFH/NV 2013, 1976.
[15] Siehe Urteil des FG Baden-Württemberg vom 27.02.2012, 9 K 4048/09.
[16] Vgl. *Haase/Dorn*, Investmentsteuerrecht, S. 210 f.

im Kalenderjahr festgesetzten Rücknahmepreis und dem letzten im Kalenderjahr festgesetzten Rücknahmepreis des Investmentanteils ergibt. Mindestens aber waren pauschal zehn Prozent des letzten im Kalenderjahr festgesetzten Rücknahmepreises anzusetzen. Wird ein Rücknahmepreis nicht festgesetzt, so tritt an seine Stelle der Börsen- oder Marktpreis. Der anzusetzende Teil des Mehrbetrags gilt mit Ablauf des jeweiligen Kalenderjahres als ausgeschüttet und zugeflossen. Gab der Anleger die ausländischen Investmentanteile zurück oder veräußerte er diese, waren pauschal 20 Prozent des Entgelts für die Rückgabe oder Veräußerung zugrunde zu legen (sogenannter Zwischengewinn). Der Anleger hatte keine Möglichkeit, die tatsächlichen Einkünfte darzulegen, um zu einer geringeren Besteuerung zu gelangen.[17]

Der BFH sah in dieser Pauschalbesteuerung einen Verstoß gegen die Kapitalverkehrsfreiheit, weil inländische Anleger durch die verschärfte Besteuerung solcher ausländischer Erträge davon abgehalten werden könnten, sich an ausländischen „schwarzen Fonds" zu beteiligen. Im Grundsatz geht es um die Anwendbarkeit der sogenannten „Stillhalte-Klausel" in Art. 57 EG (jetzt Art. 64 AEUV), die sich speziell auf die Kapitalverkehrsfreiheit gegenüber Drittstaaten bezieht und die es den Mitgliedsstaaten bei bestimmten Geschäften erlaubt, Beschränkungen des Kapitalverkehrs beizubehalten. Konkret, wenn es sich um die Erbringung von Finanzdienstleistungen handelt oder die Beteiligung an einem Investmentfonds mit Sitz in einem Drittland eine Direktinvestition darstellt und zwar aufgrund nationaler Bestimmungen, die am 31. Dezember 1993 bestehen.[18]

Für die Anwendung dieser Vorschrift, die den Mitgliedstaaten erlaubt, Beschränkungen des Kapitalverkehrs beizubehalten, müssen somit drei Kriterien kumulativ erfüllt sein:

- ein Kriterium persönlicher Art, das heißt, die in Rede stehende nationale Maßnahme betrifft ein Drittland oder mehrere Drittländer oder ist auf diese anwendbar,
- ein zeitliches Kriterium, das heißt, die in Rede stehenden Beschränkungen bestanden am 31. Dezember 1993, und
- ein sachliches Kriterium, das heißt, dass die betroffenen Kapitalbewegungen im Zusammenhang mit einem der abschließend in Art. 57 Abs. 1 Satz 1 EG aufgezählten Geschäfte stehen.

---

[17] Vgl. *Haase/Dorn*, Investmentsteuerrecht, S. 210 f.
[18] Siehe BFH-Beschluss vom 06.08.2013, VIII R 39/12, DB 2013, 2600.

Im Hinblick auf das sachliche Kriterium (also in materieller Hinsicht) bezieht sich die Ausnahme von der Kapitalverkehrsfreiheit auf Maßnahmen im Zusammenhang mit

- Direktinvestitionen einschließlich Anlagen in Immobilien,
- der Niederlassung,
- der Erbringung von Finanzdienstleistungen oder
- der Zulassung von Wertpapieren zu den Kapitalmärkten.

Die vorgenannten Begrifflichkeiten sind in den Verträgen nicht weiter definiert und ausschließlich unionsrechtlich zu verstehen. Maßgebend für die Auslegung dieser materiellen Kriterien durch den EuGH ist nach wie vor die Gliederung des Kapitalverkehrs entsprechend der Nomenklatur in Anhang I der sogenannten „Kapitalverkehrs-RL".[19]

Der VIII. Senat des BFH hatte die oben genannten Vorlagefragen dem EuGH zur Entscheidung vorgelegt und dies wie folgt begründet:[20] Ein Verstoß gegen die Kapitalverkehrsfreiheit liegt vor: Zunächst hat der Senat in der Pauschalbesteuerung einen offensichtlichen Verstoß gegen die Kapitalverkehrsfreiheit gesehen. Denn durch die verschärfte Besteuerung solcher ausländischer Erträge könne ein inländischer Anleger davon abgehalten werden, sich an ausländischen schwarzen Fonds zu beteiligen. Der BFH kommt weiter zu dem Schluss, dass eine Rechtfertigung nicht vorliegt: Die Beschränkung der Kapitalverkehrsfreiheit sei auch nicht zu rechtfertigen. Beteiligungen an inländischen und ausländischen Fonds seien grundsätzlich objektiv vergleichbar. Auch sei der Nachweis von Erträgen aus ausländischen Fonds nicht von vornherein unmöglich. Das Gesetz nehme zu Unrecht keine Rücksicht darauf, ob mit dem jeweiligen Drittstaat ein Amtshilfeabkommen besteht, das eine Nachprüfung der Erträge ermöglichen könnte. Jedenfalls sei die Pauschalbesteuerung unverhältnismäßig, weil sie den Nachweis der tatsächlichen Erträge für die Besteuerung ausnahmslos ausschließe.

Trotz des nach Auffassung des BFH offensichtlichen Verstoßes gegen die Kapitalverkehrsfreiheit hatte sich der VIII. Senat des BFH als dazu verpflichtet angesehen, den EuGH anzurufen. Denn aufgrund einer aktuelleren Rechtsentwicklung sei zweifelhaft geworden, ob § 18 Abs. 3 AuslInvestmG überhaupt am Maßstab der Kapitalverkehrsfreiheit überprüft werden könne oder Bestandsschutz genieße.[21] Diese Rechtsfrage sei europarechtlich ungeklärt (kein sogenannter „*Acte Clair*"),

---

[19] Richtlinie des Rates vom 24.06.1988 zur Durchführung von Artikel 67 des Vertrages (88/361/EWG), (ABl. 1988, Nr. L 178, S. 5).
[20] Siehe BFH-Beschluss vom 06.08.2013, VIII R 39/12, DB 2013, 2600.
[21] Vgl. EuGH-Urteil vom 07.06.2012, C-39/11, RIW 2012, 554.

sodass sie dem EuGH zur Vorabentscheidung vorzulegen gewesen sei.[22] Anders hingegen noch zuvor der I. Senat des BFH, der – unter bloßer Zugrundelegung von Literaturauffassungen – die Stillhaltevorschrift im Zusammenhang mit § 18 Abs. 3 AuslInvestmG für derart offenkundig nicht einschlägig hielt, dass es keiner weiteren Klärung durch den EuGH mehr bedürfe.[23]

4.3 Schlussantrag des Generalanwalts des EuGH

Am 18. Dezember 2014 hat der Generalanwalt beim EuGH in der Rs. „Wagner-Raith" in seinem Schlussantrag die Auffassung vertreten, dass die Regelung in § 18 Abs. 3 AuslInvestmG vom Schutzbereich der Kapitalverkehrsfreiheit wegen der Stillhalte-Klausel des Art. 57 Abs. 1 EG (jetzt Art. 64 AEUV) ausgenommen ist.[24] Für die Entscheidung des EuGH kommt es darauf an, ob die sogenannte „Stand still"-Klausel in Art. 57 Abs. 1 EG (jetzt Art. 64 AEUV) die Pauschalbesteuerung vom Schutzbereich der Kapitalverkehrsfreiheit ausnimmt, also ob die angegriffene Vorschrift im AuslInvestmG überhaupt am Maßstab der Kapitalverkehrsfreiheit überprüft werden kann oder Bestandsschutz genießt.

Im Grundsatz geht es um die (sachliche) Anwendbarkeit der sogenannten „Stillhalte-Klausel" in Art. 57 Abs. 1 EG (Art. 64 AEUV), die sich speziell auf die Kapitalverkehrsfreiheit gegenüber Drittstaaten bezieht und die es den Mitgliedstaaten bei bestimmten Geschäften erlaubt, Beschränkungen des Kapitalverkehrs beizubehalten, genau dann, wenn es sich um die Erbringung von Finanzdienstleistungen handelt oder die Beteiligung an einem Investmentfonds mit Sitz in einem Drittland eine Direktinvestition darstellt und zwar aufgrund nationaler Bestimmungen, die am 31. Dezember 1993 bestehen.

Der Generalanwalt des EuGH hatte dem Gericht vorschlagen, die Anfrage des BFH wie folgt zu beantworten: Die Regelung des § 18 Abs. 3 AuslInvestmG, die seit dem 31. Dezember 1993 nicht grundlegend verändert wurde und die unter bestimmten Voraussetzungen eine pauschale Besteuerung der inländischen Inhaber von Beteiligungen an Investmentfonds mit Sitz in Drittländern oder in diesen Drittländern gleichgestellten überseeischen Ländern und Gebieten vorsieht, bezieht sich auf Kapitalverkehr im Zusammenhang mit der Erbringung von Finanzdienstleis-

---

[22] BFH-Beschluss vom 06.08.2013, VIII R 39/12, DB 2013, 2600.
[23] Siehe BFH-Urteile vom 25.08.2009, I R 88, 89/07, IStR 2009, 895.
[24] Schlussantrag des Generalanwaltes bei EuGH vom 18.12.2014, C-560/13, abrufbar unter: http://curia.europa.eu/juris/document/document.jsf?text=&docid=160954&pageIndex=0&doclang=DE&mode=req&dir=&occ=first&part=1.

tungen im Sinne von Art. 57 Abs. 1 EG. Entgegen der Vermutung des BFH sei § 18 Abs. 3 AuslInvestmG nach Auffassung des Generalanwaltes beim EuGH eine Maßnahme, die den Kapitalverkehr im Zusammenhang mit der Erbringung von Finanzdienstleistungen im Sinne des Art. 64 Abs. 1 AEUV betreffe.

4.4 Auswirkungen des Antrages des Generalanwaltes (und Entscheidung des EuGH)

4.4.1 Auswirkungen des Antrages des Generalanwaltes (und Entscheidung des EuGH)

Im Ergebnis bejaht der Generalanwalt die (sachliche) Anwendung der Stillhalte-Klausel.

Der BFH hingegen ist der Auffassung, die Stillhalte-Klausel des Art. 57 Abs. 1 EG (Art. 64 Abs. 1 AEUV) sei eng auszulegen, weil nur solche Normen im Zusammenhang mit der Erbringung von Finanzdienstleistungen stehen würden, die sich an den Finanzdienstleister selbst richten und die Voraussetzungen oder die Art und Weise der Leistungserbringung regeln. Rechtsvorschriften, die die Besteuerung der Anleger an solchen Finanzprodukten zum Gegenstand haben, werden nach Ansicht des BFH davon nicht erfasst. Der BFH hatte somit Zweifel, ob die materiellen Anwendungsvoraussetzungen des Art. 64 Abs. 1 AEUV erfüllt sind. Dazu müsste die Regelung unter eines der genannten Gebiete fallen (hier in Betracht kommend: „Kapitalverkehr mit dritten Ländern im Zusammenhang mit Direktinvestitionen" oder „Erbringung von Finanzdienstleistungen").

Bislang wurde die Stillhalte-Klausel im Zusammenhang mit Dividenden stets nur unter dem Gesichtspunkt der Direktinvestitionen geprüft. Die dafür notwendige zehnprozentige Mindestbeteiligung ist aber in der Regel bei einer Anlage in einen Investmentfonds nicht erfüllt. Die Bundesregierung hatte in dem Verfahren jedoch ausgeführt, dass Art. 64 Abs. 1 AEUV in der Tatbestandsvariante der Finanzdienstleistungen einschlägig ist. Der Wortlaut des Artikels ist (anders als in der Literatur vielfach vertreten wird) nicht eng auszulegen, so der Generalanwalt des EuGH. Der EuGH hat dies letztlich in seinem Urteil bestätigt.

Der Generalanwalt ist der Auffassung, dass zum einen der Begriff der Erbringung von Finanzdienstleistungen Maßnahmen umfassen könne, die sich an den Empfänger der genannten Leistung richteten, und dass zum anderen im vorliegenden Fall ein enger Zusammenhang zwischen dem Gegenstand der nationalen Maßnahme, nämlich der Besteuerung der Inhaber von Beteiligungen an ausländischen

4.4 Auswirkungen des Antrages des Generalanwaltes

Investmentfonds, und dem Verhalten der Fonds, die die Anforderungen der §§ 17 Abs. 3 und 18 Abs. 2 AuslInvestmG nicht erfüllten, bestehe. Mit anderen Worten beträfen die nationalen Steuervorschriften die Erbringung von Finanzdienstleistungen, weil für die Investmentfonds zumindest indirekt ein Anreiz geschaffen werde, die in den genannten Rechtsvorschriften festgesetzten nationalen Transparenzregeln einzuhalten. In der vorliegenden Rechtssache ziehen die in Rede stehenden Kapitalbewegungen, nämlich der Erwerb von Anteilen an in Drittstaaten ansässigen Investmentfonds, von denen der Anleger Dividenden bezieht, die der streitigen pauschalen Besteuerung unterliegen, zwangsläufig die Erbringung von Finanzdienstleistungen durch die betreffenden Investmentfonds zugunsten des Anlegers nach sich. Ohne diese Dienstleistungen hätte der Erwerb dieser Beteiligungen ganz einfach keinen Sinn, insbesondere im Fall eines nicht institutionellen Anlegers, dem auf diese Art und Weise eine breite Palette von Anlagemöglichkeiten zur Verfügung steht, die ihm im Allgemeinen nicht zur Verfügung stünden, wenn er sich entschlösse, direkt auf dem Kapitalmarkt zu investieren. Im Übrigen optimieren und erhöhen gerade diese Finanzdienstleistungen den Gewinn, der der nationalen Besteuerung unterliegt.

Der EuGH ist in seinem Urteil dem Schlussantrag des Generalanwaltes gefolgt.[25] Es ist bei dem besagten Tenor verblieben, sodass ultimativ auch die Anwendung der Pauschalbesteuerung nach § 18 Abs. 3 AuslInvestmG bei Drittstaatenfällen aufgrund der Stillhalte-Klausel weiterhin kein Verstoß gegen die Kapitalverkehrsfreiheit darstellt.

4.4.2 Auswirkungen für die Praxis

Auf keinen Fall sollten eingelegte Einsprüche voreilig zurückgezogen werden. Dies vor allem deshalb, weil aktuell ein Verfahren beim BFH (Az. VIII R 2/09) anhängig ist, in dem die Frage geprüft wird, ob die Besteuerung von schwarzen Fonds nach § 18 Abs. 3 AuslInvestmG gegen Verfassungsrecht verstößt. Zum einen wird hierbei geprüft, ob die Pauschalbesteuerung den allgemeinen Gleichheitsgrundsatz nach Art. 3 Abs. 1 GG verletzt. Dieser Grundsatz gebietet es dem Gesetzgeber wesentlich Gleiches ebenfalls gleich zu behandeln, was bedeutet, dass Steuerpflichtigen rechtlich und tatsächlich gleich belastet werden sollen. Zum anderen wird geprüft, ob die Besteuerung nach § 18 Abs. 3 AuslInvestmG gegen die Eigentumsgarantie nach Art. 14 GG verstößt, weil dem Steuerpflichtigen prinzipiell nicht mehr als 50 Prozent Steuerbelastung entstehen soll. Dieses Verfahren

---
[25] EuGH-Urteil vom 21.05.2015, C-560/13, DB 2015, 1382.

wurde bis zur Entscheidung des EuGH im Fall „Wagner-Raith" ausgesetzt. Da die Entscheidung des EuGH nun vorliegt, wird das Verfahren vor dem BFH wieder aufgenommen. Es ist daher anzuraten, zunächst abzuwarten, wie beide Verfahren vom BFH (Az. VIII R 39/12[26] und Az. VIII R 2/09[27]) final entschieden werden. Weitere Verfahren, die Drittlandfonds betreffen (USA und Cayman Island), sind vor dem BFH anhängig (VIII R 27/12[28] und VIII R 36/12[29]), sodass etwaige Verfahren offen gehalten werden können.

Zudem ist zu überlegen, wie eine Nacherklärung zu beurteilen wäre, wenn statt der überhöhten Werte nach § 18 Abs. 3 AusIInvestmG die tatsächlichen Fondserträge im Rahmen der Nacherklärung angesetzt werden (Ausfluss aus dem EuGH-Urteil vom 9. Oktober 2014, C-326/12, „van Caster", zu § 6 InvStG). In Fällen, in denen die Finanzämter bisher eine Aussetzung der Vollziehung der strittigen Steuerbeträge gewährt haben, muss geprüft werden, ob das Risiko von (weiteren) Aussetzungszinsen durch eine Zahlung der ausgesetzten Beträge beendet werden soll.

4.5 Reaktionen der Finanzverwaltung

Es ist mithin fraglich, ob auch ein Transfer der Grundprinzipien der „van Caster"-Rechtsprechung des EuGH auch auf intransparente Drittstaatenfonds und die Entscheidung des EuGH zu „Wagner-Raith" erfolgen kann.

Auch das BMF hat geprüft, ob die EuGH-Entscheidung in der Sache „Wagner-Raith" auf die pauschale Besteuerung von Erträgen aus Drittstaatsfonds gemäß § 6 InvStG übertragbar ist.[30]

Das BMF führt zu seiner Prüfung aus, dass gemäß Art. 64 Abs. 1 und Art. 63 AEUV (vormals Art. 57 Abs. 1 und Art. 56 EG) die Kapitalverkehrsfreiheit nicht die Anwendung einer durch § 6 InvStG herrührenden Beschränkung auf dritte Länder berühre, die am 31. Dezember 1993 aufgrund einzelstaatlicher oder gemeinschaftlicher Rechtsvorschriften für den Kapitalverkehr mit dritten Ländern im Zusammenhang mit Direktinvestitionen einschließlich Anlagen in

---

[26] Vgl. BFH-Beschluss vom 06.08.2013, VIII R 39/12, DB 2013, 2600.
[27] Vgl. BFH-Urteil vom 07.02.2013, VIII R 2/09, NJW 2013, 2848.
[28] Siehe dazu FG Berlin-Brandenburg, Urteil vom 23.05.2012, 1 K 1159/08, EFG 2012, 1727.
[29] Siehe dazu FG Hamburg, Urteil vom 13.07.2012, 3 K 131/11, EFG 2012, 1856.
[30] Vgl. dazu Begleitschreiben des BMF vom 24.06.2015 zum Entwurf zur Abänderung des BMF-Schreibens vom 04.02.2015, IV C 1 – S 1980-1/11/10014 :005.

4.5 Reaktionen der Finanzverwaltung

Immobilien, mit der Niederlassung, der Erbringung von Finanzdienstleistungen oder der Zulassung von Wertpapieren zu den Kapitalmärkten besteht.

In Bezug auf die Beschränkung im Zusammenhang mit Vorschriften, die die Erbringung von Finanzdienstleistungen betreffen, führt das BMF aus, dass das Tatbestandsmerkmal „Beschränkung auf dritte Länder" aufgrund einzelstaatlicher Rechtsvorschriften für den Kapitalverkehr mit dritten Ländern nach dem EuGH-Urteil in der Rs. „Wagner Raith" zugunsten der Tatbestandsvariante der Erbringung von Finanzdienstleistungen zu bejahen sein dürfte, weil § 6 InvStG dem ehemaligen § 18 Abs. 3 AuslInvestmG stark ähneln würde.

Zu dem Merkmal des Bestehens am 31. Dezember 1993 ist fraglich, ob die von der Vorschrift des § 6 InvStG auf dritte Länder ausgehenden Beschränkungen der Kapitalverkehrsfreiheit bereits am 31. Dezember 1993 bestanden. § 6 InvStG ist mit dem Investmentmodernisierungsgesetz (InvModG) zum 1. Januar 2004 in Kraft getreten.[31] Aus der Gesetzesbegründung des InvModG gehe laut dem BMF klar hervor, dass § 6 InvStG der Regelung des § 18 Abs. 3 AuslInvestmG nachgebildet sei und wie § 18 Abs. 3 AuslInvestmG eine pauschale Besteuerung vorsehe:

- Nach § 6 InvStG sind die Ausschüttungen und 70 Prozent der Wertsteigerung des Anteils im Kalenderjahr anzusetzen, mindestens sechs Prozent vom letzten Rücknahmepreis.
- Nach § 18 Abs. 3 AuslInvestmG sind die Ausschüttungen und 90 Prozent der Wertsteigerung des Anteils im Kalenderjahr anzusetzen, mindestens zehn Prozent vom letzten Rücknahmepreis.

Während in § 18 Abs. 3 Satz 4 AuslInvestmG eine weitere Pauschalbesteuerung im Falle der Rückgabe der Anteile in Höhe von 20 Prozent des Entgelts vorgesehen war, enthält § 6 InvStG eine solche Regelung nicht.

Zwar bestand die Vorschrift des § 6 InvStG selbst noch nicht am 31. Dezember 1993. Es würde aber ausreichen, wenn die Beschränkung zu diesem Zeitpunkt schon „Teil der Rechtsordnung war". Dies wäre der Fall, wenn eine Vorgängervorschrift, hier wohl allein in Betracht kommend die Regelung des § 18 Abs. 3 AusInvestmG, bestand, von der die gleichen oder zumindest gleichartige, bzw. wie die folgenden Zitate zeigen, noch größere, Beschränkungen ausgingen.

Da beide Vorschriften nicht identisch sind, ist zudem von besonderer Bedeutung, welche Auswirkungen die materiellen Änderungen des § 6 InvStG gegenüber der Vorgängerregelung auf die Anwendung der Stillhalte-Klausel haben.

---

[31] Vgl. InvModG, BGBl I 2003, 2676, 2727.

Der EuGH hat hierzu in seinem Urteil in der Rs. C-101/05 Folgendes ausgeführt:[32]

> 48 Wie der Generalanwalt in den Nrn. 110 bis 112 seiner Schlussanträge ausgeführt hat, setzt der Begriff der am 31.12.1993 bestehenden Beschränkung voraus, dass der rechtliche Rahmen, in den sich die betreffende Beschränkung einfügt, seit diesem Datum ununterbrochen Teil der nationalen Rechtsordnung gewesen ist. Wäre dies anders, könnte ein Mitgliedstaat nämlich jederzeit Beschränkungen für Kapitalbewegungen nach oder aus dritten Ländern wieder einführen, die in der nationalen Rechtsordnung am 31.12.1993 bestanden, die aber nicht aufrechterhalten worden sind.
>
> 49 Im gleichen Sinne hat sich der Gerichtshof geäußert, als er über die Anwendbarkeit der Ausnahmeregelung in Art. 57 Abs. 1 EG auf am 31.12.1993 auf in der Rechtsordnung eines Mitgliedstaats bestehende Beschränkungen des Kapitalverkehrs zu entscheiden hatte. Zwar hat der Gerichtshof anerkannt, dass eine nationale Maßnahme, die nach diesem Zeitpunkt erlassen wird, nicht schon allein deswegen von der Ausnahmeregelung in Abs. 1 ausgeschlossen ist, er hat aber diese Möglichkeit dahin verstanden, dass sie Vorschriften einschließt, die im Wesentlichen mit einer früheren Regelung übereinstimmen oder nur ein Hindernis, das nach der früheren Regelung der Ausübung der gemeinschaftlichen Rechte und Freiheiten entgegenstand, abmildern oder beseitigen, wobei Vorschriften ausgeschlossen sind, die auf einem anderen Grundgedanken als das frühere Recht beruhen und durch die neue Verfahren eingeführt werden (vgl. in diesem Sinne Urteile Test Claimants in the FII Group Litigation, Randnr. 192, und Holböck, Randnr. 41). Nicht erfassen wollte der Gerichtshof damit Vorschriften, die zwar im Wesentlichen mit einer Regelung übereinstimmen, die am 31.12.1993 bestand, durch die aber ein Hindernis für den freien Kapitalverkehr wieder eingeführt worden ist, das nach der Aufhebung der früheren Regelung nicht mehr bestand.

Das BMF führt aus, dass es dem EuGH somit darauf ankomme, dass die von einer aktuellen Regelung ausgehende Beschränkung bereits am 31. Dezember 1993 von einer Vorgängervorschrift (mit-) umfasst wäre. Die aktuelle Vorschrift darf also milder, aber nicht strenger sein als die Altregelung, weil sonst eine neue Beschränkung eingeführt würde (Verschlechterungsverbot).[33]

Nach dem BMF bestehe nur im Hinblick auf die Beschränkung im Ausmaß zum Stichtag des 31. Dezember 1993 kein Vertrauensschutz des Steuerpflichtigen. Eine spätere Abmilderung der Vorschrift dürfte der Anwendung der Stillhalte-Klausel dagegen nicht im Wege stehen. Schließlich müsste die aktuelle Vorschrift des § 6 InvStG vom Charakter her trotz der Abweichungen von der Altregelung

---

[32] Siehe EuGH-Urteil vom 18.12.2007, Rs. C-101/05, BB 2008, 79.
[33] Vgl. EuGH-Urteil vom 24.05.2007, Rs. C-157/05, „Holböck", EuZW 2007, 405; EuGH-Urteil vom 11.02.2010, Rs. C-541/08, „Fokus Invest", EuZW 2010, 354; *Hohenwarter/Plansky*, SWI 2007, 346, 353.

mit jener vergleichbar sein, damit zu Recht gesagt werden könne, dass die aktuelle Beschränkung „Teil der Rechtsordnung" am 31. Dezember 1993 wäre. Dies wäre dann nicht der Fall, wenn die neue Regelung auf einem anderen Grundgedanken als das frühere Recht beruht und Deutschland ein neues Verfahren eingeführt hätte. Der EuGH verstehe darunter strukturelle Änderungen einer Norm. Der Grundgedanke, dass ein Anleger einer Pauschalbesteuerung unterliegt, wenn der Fonds, an dem er die Beteiligung hält, seinen Publizitätspflichten nicht nachkomme, habe sich nicht geändert. Nach Einschätzung des BMF habe die Überführung der Regelung aus § 18 Abs. 3 AuslInvestmG nach § 6 InvStG auch zu keiner Wesensänderung geführt.

Das BMF kommt daher zu dem Schluss, dass durch das EuGH-Urteil vom 21. Mai 2015 sich die Ausgangslage, von der noch das BMF-Schreiben vom 4. Februar 2015 ausgegangen ist, geändert habe.

Angesichts des Eingreifens der Stillhalte-Klausel des Art. 64 Abs. 1 AEUV sei eine Anwendung der Grundsätze des EuGH-Urteils vom 9. Oktober 2014 in der Rs. C-326/12 („van Caster") auf nach § 6 InvStG ermittelte Erträge aus Drittstaatsfonds nicht mehr geboten. Das BMF hat daher das BMF-Schreiben vom 4. Februar 2015 modifiziert, mit Datum vom 28. Juli 2015 neu veröffentlicht; das BMF wird den Nachweis der tatsächlichen Höhe der Erträge aus Drittstaatsfonds nicht mehr zulassen. Das BMF hat das ursprüngliche BMF-Schreiben vom 4. Februar 2015 somit dahin abgeändert, dass nur noch *„bei Erträgen aus EU-/EWR-Investmentfonds"* der Nachweis der tatsächlichen Höhe der Erträge nachgewiesen werden kann.

4.6 Entscheidung des BFH

Der BFH hat sich in seinem jüngsten, am 9. Dezember 2015 veröffentlichten Urteil vom 28. Juli 2015 (VIII R 2/09) mit der Besteuerung von Erträgen aus sogenannten „schwarzen" Fonds nach dem AuslInvestmG beschäftigt und final entschieden, dass die sogenannte Pauschalbesteuerung nach § 18 Abs. 3 Satz 1 und Satz 4 AuslInvestmG in ihrem Anwendungsbereich für Einkünfte aus Investmentfonds mit Sitz im Drittland verfassungsgemäß ist und dass § 18 Abs. 3 Satz 1 und Satz 4 AuslInvestmG im Verhältnis zu Drittstaaten wegen Art. 64 des Vertrags über die Arbeitsweise der Europäischen Union (AEUV) nicht an der Kapitalverkehrsfreiheit zu messen sind.[34] Da das oben genannte Verfahren bis zur Entscheidung des EuGH in der Rechtssache „Wagner-Raith" (EuGH-Urteil vom 21.05.2015, C-560/13, Rs. „Wagner-Raith") ausgesetzt und nach dem EuGH-Urteil wieder aufgenommen wurde, war der BFH aufgerufen, final zu entscheiden, ob § 18 Abs. 3 AuslInvestmG gegen deutsches Verfassungsrecht bzw. Gemeinschaftsrecht verstößt.

Dem BFH lag folgender, hier stark vereinfacht dargestellter Sachverhalt zur Entscheidung vor: Gegenstand des Verfahrens vor dem BFH ist ein Investmentfond mit Sitz in einem Drittstaat (hier: USA) und dieser sogenannte „Mutual Fund" war in Deutschland nicht registriert und hatte auch keine Nachweise im Hinblick auf die Besteuerung der Erträge erbracht. Der Kläger rügte unter anderem sowohl einen verfassungsrechtlichen Verstoß (Gleichbehandlung) und im Hinblick auf den Ausschluss des Halbeinkünfteverfahrens für die ausländischen Fondseinkünfte einen Verstoß gegen die Kapitalverkehrsfreiheit (die nicht nur im EU/EWR-Raum sondern auch im Verhältnis zu Drittstaaten Beachtung findet).

In seinem Urteil kommt der BFH letztlich zu dem Schluss, dass die Pauschalbesteuerung nach § 18 Abs. 3 AuslInvestmG (das heißt die bis 2003 geltende Rechtslage) für Einkünfte aus Investmentfonds mit Sitz im Drittland verfassungsrechtlich nicht zu beanstanden ist. Wie der EuGH bereits mit Urteil in der Rs. „Wagner-Raith" entschieden habe, sei § 18 Abs. 3 AuslInvestmG im Verhältnis zu Drittstaaten wegen der sogenannten „Stand-still-Klausel" des Art. 64 AEUV nicht an der Kapitalverkehrsfreiheit zu messen.

Auch die möglicherweise objektiv bestehende Beschränkung der Kapitalverkehrsfreiheit sei hinzunehmen. Der Ausschluss des Halbeinkünfteverfahrens für Erträge aus ausländischen Investmentfonds könne im Übrigen deswegen keinen Verstoß gegen die Kapitalverkehrsfreiheit darstellen, weil es eine entsprechende Regelung (in § 39 Abs. 1 Satz 1 Halbsatz 2 des damaligen Gesetzes über Kapitalanlagegesellschaften, KAGG) auch für Erträge aus inländischen Investmentfonds gab und es insoweit an einer Diskriminierung fehlt.

Das Urteil betrifft zwar überwiegend altes, bis 2003 geltendes Recht, allerdings bringt es für die zuletzt betroffenen Investoren, die Rechtsbehelfe eingelegt bzw. aufrechterhalten hatten, eine finale Klärung.

Offen bleibt dagegen, ob möglicherweise der Ausschluss des Halbeinkünfteverfahrens für „schwarze" Investmentfonds gegen die Kapitalverkehrsfreiheit bzw. gegen Art. 3 Abs. 1 GG verstößt.

---

[34] Vgl. *Höring* Haufe-Online vom 23.12.2015, Kommentierung zum BFH-Urteil vom 28.07.2015, VIII R 2/09, abrufbar unter: http://www.haufe.de/steuern/rechtsprechung/bfh-besteuerung-von-ertraegen-aus-sog-schwarzen-fonds_166_333482.html.

Der Grundgedanke des § 18 Abs. 3 AuslInvestmG ist ein anderer als der des § 6 Investmentsteuergesetz (InvStG): § 18 Abs. 3 AuslInvestmG hat bei Intransparenz des Fonds den Anteileigner final besteuert.

Das BMF hat im Übrigen für das BMF-Schreiben vom 28. Juli 2015 (IV C 1 – S 1980-1/11/10014:005) geprüft, ob die EuGH-Entscheidung in der Rs. „Wagner-Raith" auf die pauschale Besteuerung von Erträgen aus Drittstaatsfonds gemäß § 6 InvStG übertragbar ist. Das BMF führte aus, dass gemäß Art. 64 Abs. 1 und Art. 63 AEUV (vormals Art. 57 Abs. 1 und Art. 56 EG) die Kapitalverkehrsfreiheit nicht die Anwendung einer durch § 6 InvStG herrührenden Beschränkung auf dritte Länder berühre, die am 31. Dezember 1993 aufgrund einzelstaatlicher oder gemeinschaftlicher Rechtsvorschriften für den Kapitalverkehr mit dritten Ländern im Zusammenhang mit Direktinvestitionen einschließlich Anlagen in Immobilien, mit der Niederlassung, der Erbringung von Finanzdienstleistungen oder der Zulassung von Wertpapieren zu den Kapitalmärkten besteht.

In Bezug auf die Pauschalbesteuerung in Drittstaatenfälle liegt ein nunmehr ein Ergebnis mit den Entscheidungen des EuGH und des BFH vor, das gegen jedes steuerliche Gerechtigkeitsempfinden verstößt. Die Grundsätze, die die Pauschalbesteuerung realitätsnäher ausgestaltet und damit in verwaltungsökonomischer Art und Weise durch die Möglichkeit einer realitätsnahen Pauschalierung einen Verstoß gegen Gemeinschaftsrecht vermeidet, sollten auch für Drittstaatenfonds gelten, wenn mit dem Ansässigkeitsstaat des „schwarzen" Fonds eine abgesicherte Amtshilfemöglichkeit oder alternativ ausreichende investmentrechtliche Berichts-, Prüfungs- und Offenlegungsobliegenheiten bestehen.

4.7 Kritik

Ist der intransparente Investmentfonds in einem Drittstaat ansässig, so greift nach der Wagner-Raith-Entscheidung des EuGH bei § 18 Abs. 3 AuslInvestmG die Stillhalteklausel des Art. 64 Abs. 1 AEUV (Finanzdienstleistungskohärenz). Somit stellt sich ja auch die Frage, ob der BFH, wenn er der Auffassung des EuGH vollends folgen würde, im Hinblick auf § 6 InvStG einer Revision hätte stattgeben müssen, wenn § 6 InvStG nicht auf einem anderen Grundgedanken als § 18 Abs. 3 AuslInvestmG beruhen würden. Die Annahme des I. Senats des BFH, wonach die Stillhalteklausel des Art. 64 Abs. 1 AEUV eng auszulegen sei und daher nur an den Fondsdienstleister adressierte und die Erbringung der Dienstleistung regulierende nationale Regelungen finanzdienstleistungskohärent seien, hat sich nach Auffassung des EuGH insoweit als unzutreffend herausgestellt.[35]

Das Tatbestandsmerkmal der Finanzdienstleistungskohärenz des Art. 64 Abs. 1 AEUV führt im Zusammenhang mit der Pauschalbesteuerung von Drittstaatenfonds zur Nichtanwendung der Kapitalverkehrsfreiheit und damit zur Zulässigkeit der Pauschalbesteuerung nach § 18 Abs. 3 AuslInvestmG (vor 2004). Ob das auch für § 6 InvStG ab dem Jahr 2004 gilt, dürfte der BFH bald zu entscheiden haben. Der BFH vertritt schon in seinem Urteil vom 18. November 2008 die Auffassung, dass § 18 Abs. 3 AuslInvestmG offensichtlich gegen die Kapitalverkehrsfreiheit verstößt und bestätigt damit die Vorinstanz.[36] Eine Vorlage der Frage an den EuGH hielt das Gericht damals für nicht erforderlich. Der BFH begründete seine Auffassung unter anderem damit, dass die in § 18 AuslInvestmG angeordnete Schlechterstellung der Inhaber von Anteilen ausländischer Investmentfonds im Vergleich zu den Anteilseignern inländischer Investmentfonds in der Ausgestaltung der Pauschalbesteuerung nicht den Anforderungen des Verhältnismäßigkeitsgrundsatzes entspreche. Die nicht veröffentlichten Erträge des Investmentfonds könnten somit im Wege der Schätzung ermittelt werden.

Bei der Rs. Wagner-Raith geht es hingegen um die Frage der Vereinbarkeit von § 18 Abs. 3 AuslInvestmG mit der Kapitalverkehrsfreiheit im Anwendungsbereich von Drittstaatensachverhalten. Somit geht es um die Frage, ob die sogenannte „Stand-still"-Klausel/Stillhalteklausel (Art. 73c Abs. 1 EGV bzw. Art. 57 Abs. 1 EG bzw. Art. 64 Abs. 1 AEUV) einer Anwendung der Kapitalverkehrsfreiheit entgegensteht, weil die seit dem 31. Dezember 1993 im Wesentlichen unveränderte Regelung im Zusammenhang mit der Erbringung von Finanzdienstleistungen steht, und ob es sich bei Beteiligungen an Investmentfonds stets um Direktinvestitionen handelt.

In der Rs. Wagner-Raith wurde eine Beschränkung der Kapitalverkehrsfreiheit vorgehalten und die Frage aufgeworfen, ob diese auch im Verhältnis zu Drittstaaten wirkt. Somit hängt der Transfer der Erkenntnisse aus dem EuGH-Urteil zur Rs. van Caster auf Drittstaaten davon ab, inwieweit die Besonderheiten auch bezüglich der im Verhältnis zu Drittstaaten geltenden Kapitalverkehrsfreiheit eingreifen.[37]

Als unschädlich für die Beantwortung der Frage nach dem Transfer der EuGH-Rechtsprechung in der Rs. van Caster auf Drittstaatenkonstellationen gesehen werden kann, dass der BFH dem EuGH die vor dem Jahr 2004 geltende Strafbesteue-

---

[35] Siehe *Patzner/Nagler*, IStR 2015, 511, 514.
[36] BFH-Urteil vom 18.11.2008, VIII R 24/07, BFHE 223, 398, BStBl II 2009, 518; siehe *Kurth*, BB 2008, 1710 ff.
[37] Siehe *Patzner/Nagler*, IStR 2014, 848, 851.

4.7 Kritik

rung des § 18 Abs. 3 AuslInvestmG vorgelegt hat: Die Strafbesteuerung des § 18 Abs. 3 AuslInvestmG gilt ausdrücklich nur für gebietsfremde Investmentfonds. Mithin drängt sich sogar ein Verstoß gegen die Kapitalverkehrsfreiheit als Diskriminierungsverbot auf, weil nach § 18 Abs. 3 AuslInvestmG die Anleger, die ausschließlich in gebietsfremde intransparente Investmentfonds investierten, eine zwingend anzuwendende pauschalierte Strafbesteuerung traf, wohingegen Anleger, die in intransparente inländische Investmentfonds investierten, gemäß den Vorgaben des KAGG i. V. m. § 162 AO mit ihren Einkünften aus jenen Investmentfonds geschätzt wurden.[38]

Unter den folgenden Erwägungen und unter Berücksichtigung der Rechtsprechung des BFH wäre ein Transfer der EuGH-Rechtsprechung in der Rs. van Caster auch auf die Drittstaatenkonstellation (Rs. Wagner-Raith) denkbar gewesen.

Nach Art. 73c EGV (bis 1999) bzw. Art. 57 EG (1999 bis 2009), jetzt Art. 64 AEUV, können die Mitgliedstaaten gegenüber Drittstaaten Beschränkungen des Kapitalverkehrs beibehalten, die zum 31. Dezember 1993 bestanden haben, wenn diese Beschränkungen im Zusammenhang mit Direktinvestitionen, der Anlage in Immobilien, der Niederlassung, der Erbringung von Finanzdienstleistungen oder der Zulassung von Wertpapieren zu den Kapitalmärkten bestehen.[39]

Wie folgend dargelegt, kann auch bei § 18 Abs. 3 AuslInvestmG wie bei der Nachfolgeregelung des § 6 InvStG ein Zusammenhang sowohl mit der Erbringung von Finanzdienstleistungen als auch mit einer Direktinvestition ausgeschlossen werden.

Dass die Stillhalteklausel des Art. 64 Abs. 1 AEUV eng auszulegen ist, hat bereits der I. Senat des BFH mit Urteil vom 25. August 2009 ohne Einholung einer Vorabentscheidung des EuGH festgestellt.[40] Der BFH hat zudem in diesem Urteil zutreffend festgestellt, dass nur solche Normen im Zusammenhang mit der Erbringung von Finanzdienstleistungen stehen, die sich an den Finanzdienstleister selbst richten und die Voraussetzungen oder die Art und Weise der Leistungserbringung regeln. Rechtsvorschriften, die die Besteuerung der Anleger an solchen Finanzprodukten zum Gegenstand haben, werden nach Ansicht des BFH davon nicht erfasst.[41]

Einer weiteren Vorlage des BFH zu EuGH in dieser Sache hätte es nicht bedurft, allerdings scheint der vorlegende VIII. Senat des BFH die vom EuGH bestätigen-

---

[38] Vgl. BFH-Urteil vom 18.11.2008, VIII R 24/07, BFHE 223, 398, BStBl II 2009, 518.
[39] Siehe *Patzner/Nagler*, IStR 2014, 848, 851.
[40] BFH-Urteil vom 25.08.2009, I R 88, 89/07, BFHE 226, 296, IStR 2009, 895.
[41] BFH-Urteil vom 25.08.2009, I R 88, 89/07, BFHE 226, 296, IStR 2009, 895.

de Gewissheit bezüglich der Ansicht des I. Senats des BFH erlangen zu wollen.[42] Während der I. Senat des BFH also die Europarechtslage jedoch auch mit Blick auf Drittstaatenfonds im Jahr 2009 noch als so klar erachtete, dass er von einem Vorabentscheidungsersuchen Abstand nahm, sah sich der VIII. Senat des BFH hierzu aufgrund neuerer EuGH-Rechtsprechung verpflichtet. Das ist zur Schaffung endgültiger Rechtsklarheit – gerade mit Blick auf die Finanzverwaltungspraxis – durchaus zu begrüßen.[43]

Auch ein Zusammenhang mit einer Direktinvestition kann hier ausgeschlossen werde. Zwar hatte der I. Senat des BFH in seinem Urteil vom 25. August 2009 dies überhaupt nicht thematisiert, allerdings weist der vorlegende VIII. Senat des BFH darauf hin, dass es dem Zweck eines Investmentfonds, seine Anlageentscheidungen unabhängig vom Willen des Anlegers zu treffen, regelmäßig widersprechen würde, wenn der Anleger die Möglichkeit hätte, sich an der Verwaltung oder Kontrolle des Investmentfonds zu beteiligen.[44]

Beim Investmentgeschäft über die Anlage in Investmentfonds hat der Anleger aus einem vorgefertigten, effizienten und nur in dieser Form bestehenden Portfolio auszuwählen; ein Investmentfonds arbeitet grundsätzlich in der Weise, dass es für eine Vielzahl von Investoren und Anlegern konzipiert ist, sodass nicht der individuelle Anleger, sondern die Verwaltungsgesellschaft das Anlageziel vorgibt. Damit besteht bei Investmentfonds grundsätzlich nicht die Möglichkeit, sich an der Verwaltung oder Kontrolle zu beteiligen.[45]

Die Zweifel des BFH sind im Wesentlichen auf die EuGH-Entscheidung vom 7. Juni 2012 in der Rs. „VBV Vorsorge AG" zurückzuführen.[46] In dieser Entscheidung hatte der EuGH den Erwerb eines Anteils an einem Kapitalanlagefonds als Direktinvestition qualifiziert und unter den Begriff Kapitalverkehr i. S. d. Art. 63 AEUV subsumiert. Der BFH weist zu Recht auf den Umstand hin, dass die Bestandsschutzregelung des Art. 64 Abs. 1 AEUV als Ausnahme vom Verbot des freien Kapitalverkehrs hingegen eng auszulegen ist. Auch aus diesem Grund muss der Begriff der Direktinvestition im Sinne der Bestandsschutzregelung des Art. 64 Abs. 1 AEUV ein anderer sein, als ihn der EuGH im Urteil vom 7. Juni 2012 zugrunde gelegt hat.[47]

---

[42] Vgl. BFH-Beschluss vom 06.08.2013, VIII R 39/12, DB 2013, 2600; *Patzner/Nagler*, IStR 2014, 848, 851.
[43] *Schraufl*, PIStB 2014, 62, 65.
[44] Siehe BFH-Beschluss vom 06.08.2013, VIII R 39/12, DB 2013, 2600.
[45] Siehe ausführlich dazu *Höring*, Investmentrecht, § 2, Rdnr. 8 ff.
[46] EuGH-Urteil vom 07.06.2012, Rs. C-39/12, „VBV Vorsorge AG", RIW 2012, 554.
[47] Vgl. BFH-Beschluss vom 06.08.2013, VIII R 39/12, DB 2013, 2600; *Patzner/Nagler*, IStR 2014, 848, 851.

4.7 Kritik

Da die Beteiligung an einem Investmentfonds nicht ausreicht, um eine Rechtsbeziehung zu den Gesellschaften, in welche der Investmentfonds investiert, und damit eine Direktinvestition zu jener Gesellschaft, an der der Investor über seinen Fonds beteiligt ist, zu begründen, dürfte die Stillhalteklausel des Art. 64 Abs. 1 AEUV weder im Hinblick auf § 18 Abs. 3 AuslInvestmG noch § 6 InvStG Anwendung finden, weil es auch am Tatbestandsmerkmal „Zusammenhang mit einer Direktinvestition" mangelt.[48]

Zu kritisieren ist zudem, dass die Ansässigkeit des Investmentfonds, in den investiert wird, kein zulässiges Differenzierungsmerkmal ist. Art. 65 Abs. 1 AEUV vermag die Beschränkung der Kapitalverkehrsfreiheit nicht zu rechtfertigen, denn diese Vorschrift erlaubt nicht die unterschiedliche Behandlung vergleichbarer Sachverhalte, wobei die Anlage in einen inländischen oder ausländischen Investmentfonds als ein vergleichbarer Sachverhalt qualifiziert.[49] Bei den investmentsteuerlichen Besteuerungsgrundlagen besteht ja aufgrund der auch in Drittstaaten bei Investmentfonds üblichen Berichts-, Prüfungs- und Veröffentlichungspflichten eine hinreichende Erkenntnisquelle für die deutsche Finanzverwaltung. Somit wäre eine Amtshilfe in der Praxis sowieso entbehrlich.[50] Der generelle Ausschluss der Möglichkeit zur Aufklärung der tatsächlichen Besteuerungsgrundlagen durch den Investor darf nicht den formalen Mangel an Amtshilfemöglichkeiten scheitern.[51]

Die Pauschalbesteuerung in Verbindung mit Nachweisausschluss erscheint als nicht verhältnismäßig, weil es ausreichend ist, die Besteuerung von Erträgen aus Investmentanteilen von den tatsächlichen Nachweisen des Anlegers sowie den rechtlichen Überprüfungsmöglichkeiten der Finanzbehörden durch Amtshilfeabkommen abhängig zu machen. Neben dem Verstoß gegen das Verhältnismäßigkeitsprinzip von § 6 InvStG ist dies auch für § 18 Abs. 3 AuslInvestmG zu sehen. Hier ist anzuführen, dass die inländischen Anleger von Investmentfonds, die ihren formalen Nachweis- und Bekanntgabeverpflichtungen nicht nachgekommen sind, mit einer nicht vermeidbaren Übermaß-Pauschalbesteuerung erfasst werden.

Kritisch beurteilt werden muss das ergänzte BMF-Schreiben vom 4. Februar 2015 (die Ergänzung wurde am 28. Juli 2015 veröffentlicht). In diesem modifizierten Schreiben vertritt das BMF ja die Ansicht, dass mit dem Urteil des EuGH in der Rs. Wagner-Raith die Rechtsfolgen Urteils des EuGH in der Rs.

---

[48] Vgl. BFH-Beschluss vom 06.08.2013, VIII R 39/12, DB 2013, 2600; *Patzner/Nagler*, IStR 2014, 848, 852.
[49] Vgl. *Patzner/Nagler*, IStR 2014, 848, 852.
[50] Vgl. *Patzner/Nagler*, IStR 2014, 848, 853.
[51] Siehe *Patzner/Nagler*, IStR 2014, 848, 853.

van Caster nur auf intransparente EU- oder EWR-Fonds beschränkt werden können. Das BMF verkennt dabei allerdings, dass § 6 InvStG durch eine pauschale Steuer, die bei Anteilsveräußerung anrechenbar war, lediglich die zutreffende Besteuerung des Anteilsinhabers sicherstellen will. Die Vorschrift beruht damit auf einem anderen Grundgedanken als § 18 Abs. 3 AuslInvestmG, der mittels – gegenüber § 6 InvStG deutlich höherer und im Veräußerungsfall nicht anrechenbarer Strafsteuer – bei Intransparenz des Fonds den Anteilseigner final besteuert hat. Da eine vorübergehende pauschale Besteuerung gegenüber einer finalen nachteiligeren Strafbesteuerung auf einem anderen Grundgedanken beruht, hat § 6 InvStG nicht i. S. d. Art. 64 Abs. 1 AEUV zum 31. Dezember 1993 bestanden.

In den beim BFH anhängigen Revisionen gegen die Urteile des FG Hamburg und FG Berlin-Brandenburg, die die Anwendung von § 6 InvStG auf intransparente Drittstaatenfonds betreffen, wird der BFH nun zu prüfen haben, ob § 6 InvStG auf einem anderen Grundgedanken beruht als § 18 Abs. 3 AuslInvestmG, folglich nicht zum 31. Dezember 1993 bestanden hat und insoweit die Stillhalteklausel keine Anwendung findet.[52]

Vollends ungeklärt ist die Frage, wie unter strafrechtlichen Gesichtspunkten mit dieser EuGH-Entscheidung umzugehen ist. Vor allem die Frage, ob eine Nacherklärung strafrechtlich unwirksam ist, wenn statt der überhöhten Werte nach § 18 Abs. 3 AuslInvestmG die tatsächlichen Fondserträge im Rahmen der Nacherklärung angesetzt werden.

Als Ergebnis lässt sich hier festhalten, dass man die Grundsätze des EuGH-Urteil in der Rs. van Caster hätte auch auf die Frage der pauschalen Strafbesteuerung der Anleger von intransparenten (Drittstaaten-)Investmentfonds nach § 18 Abs. 3 AuslInvestmG anwenden müssen. Ein Verstoß gegen die Kapitalverkehrsfreiheit wäre zumindest dann nicht zu sehen, wenn mit dem Drittstaat keine abgesicherte Amtshilfemöglichkeit oder alternativ Mindeststandards der Berichts-, Prüfungs- und Publikationspflichten bestehen.

Literatur

Baur, Jürgen/Tappen, Falko, (Hrsg.), Investmentgesetze Band 2: §§ 273–355 KAGB; InvStG, 3. Auflage, Berlin 2015.
Geurts, Matthias, Erneut auf dem europa- und verfassungsrechtlichen Prüfstand: Die Pauschalbesteuerung sog. intransparenter Investmentvermögen, IStR 2012, 953–957.
Haase, Florian/Dorn, Katrin, Investmentsteuerrecht, 2. Auflage, Wiesbaden 2015.

---

[52] *Patzner/Nagler*, IStR 2015, 511, 515.

Höring, Johannes, Investmentrecht, 1. Auflage, Wiesbaden 2012.

Hohenwarter, Daniela/Plansky, Patrick, Die Kapitalverkehrsfreiheit mit Drittstaaten im Lichte der Rechtssache Holböck, SWI 2007, 346–358.

Jesch, Thomas/Haug, Felix, Das Ende der Pauschalbesteuerung im Investmentsteuerrecht?, DStZ 2015, 130–136.

Kurth, Florian, Pauschale Besteuerung sog. „schwarzer Fonds" – Ist § 18 Abs. 3 AuslInvestmG europarechtswidrig?, BB 2008, 1710–1713.

Patzner, Andreas/Nagler, Jürgen, EuGH-Urteil vom 21.5.2015, Wagner-Raith: Neue Erkenntnisse zur Stillhalteklausel bei finanzdienstleistungskohärentem Kapitalverkehr, IStR 2015, 511–516.

Patzner, Andreas/Nagler, Jürgen, Die Konsequenzen des EuGH-Urteils vom 9.10.2014 in der Rs. C-326/12, Rita und Patrick van Caster sowie des anhängigen EuGH-Verfahrens in der Rs. C-560/13, Wagner-Raith für die Ertragsbesteuerung intransparenter gebietsfremder Investmentfonds, IStR 2014, 848–855.

Schraufl, Martin, Pauschalbesteuerung von Investmentfondsanlagen auf dem europarechtlichen Prüfstand, PIStB 2014, 62–66.

Fazit 5

Mit dem Inkrafttreten des InvStG im Jahr 2004 glaubte man die europarechtliche Problematik der pauschalen Investmentbesteuerung gelöst zu haben. Spätestens seit 2014 mit der entsprechenden Entscheidung des EuGH zu § 6 InvStG sind die Stimmen nicht mehr zu überhören, die die Pauschalbesteuerung als europarechtswidrig qualifizieren. Für die Besteuerung von intransparenten ausländischen Investmentfonds ist die vorstehend dargestellte Rechtsentwicklung von enormer Bedeutung, weil den Steuerpflichtigen statt der ungünstigen Pauschalversteuerung (zumindest der nach § 6 InvStG) nun die Möglichkeit offen steht, tatsächlich niedrigere Besteuerungsgrundlagen in geeigneter Form nachzuweisen.

Die aufgrund der Pauschalversteuerung zu beachtende Steuer wird ab 2009 im Falle der Veräußerung der Anteile angerechnet. Die pauschale Besteuerung nach § 6 InvStG führt nicht mehr zu einem endgültigen Steuernachteil, wenn die Investmentfondsanteile veräußert werden, sondern ist als Vorauszahlung für die endgültige Steuer bei der Anteilveräußerung zu sehen; insoweit kann ein Zinsnachteil bewirkt werden. Von daher ist im konkreten Fall immer zu untersuchen, ob sich der Nachweis der tatsächlich niedrigeren Besteuerungsgrundlagen lohnt.

Nach wie vor kann am einfachsten der Nachweis der Besteuerungsgrundlagen dadurch erfolgen, dass der jeweilige Investmentfonds für seine Anleger die Besteuerungsgrundlagen und ihre zutreffende Ermittlung durch einen Berufsträger bescheinigen lässt.

Es wäre denkbar, dass der Gesetzgeber die Pauschalbesteuerung des § 6 InvStG für den Fall, dass die niedrigeren Besteuerungsgrundlagen nicht nachgewiesen werden können, realitätsnäher ausgestaltet (niedriger Referenzzinssatz) und damit in verwaltungsökonomischer Art und Weise durch die Möglichkeit einer realitätsnahen Pauschalierung einen Verstoß gegen Gemeinschaftsrecht vermeidet; dies zumindest solange die Investmentsteuerreform nicht greift und die Pläne zur Abschaffung der Pauschalbesteuerung, nach bisherigem Verständnis die Lesart, aus dem InvStG gestrichen sind.

Auf lange Sicht und die große Investmentsteuerreform – für die schon ein erster Diskussionsentwurf mit Datum 27. Januar 2015 vorliegt – vor Augen, wird § 6 InvStG in dieser Weise nicht mehr haltbar sein, wird entsprechend zu revidieren sein und wird auch seiner ursprünglichen Idee nach in dem neuen InvStG nicht mehr seinen Niederschlag finden.[1] Mit der Argumentation aus dem EuGH-Urteil „van Caster" sieht der Reinentwurf bzw. der zweite Diskussionsentwurf (Stand 21. Juli 2015) zur Investmentsteuerreform[2] sowie der Referentenentwurf (Stand 16. Dezember 2015)[3] nun als hehres Ziels vor, dass der Aufwand für die Ermittlung der Besteuerungsgrundlagen auf Seiten der Wirtschaft und der Bürger einerseits sowie der Kontrollaufwand der Verwaltung andererseits in den Massenverfahren bei Publikums-Investmentfonds und deren Anlegern erheblich verringert werden soll. Zumindest dieses Ziel ist durchaus zu begrüßen; die Umsetzung in der Praxis der vorgesehenen neuen Regeln stellt die Investmentfondsbranche in In- wie im Ausland vor ganz neue und anders gelagerte Herausforderungen.

Außerdem müssen die Konsequenzen des EuGH-Urteils in der Rs. van Caster auf weitere Fondsbesteuerungssysteme in Europa (zum Beispiel in Großbritannien oder Österreich) eruiert werden.[4]

In Bezug auf die Pauschalbesteuerung in Drittstaatenfälle (EuGH-Urteil in der Rs. Wagner-Raith) liegt ein Ergebnis mit der Entscheidung des EuGH vor, das gegen jedes steuerliche Gerechtigkeitsempfinden verstößt. Die dargelegten Grundsätze sollten nach der hier vertretenen Auffassung auch für Drittstaatenfonds gel-

---

[1] Siehe auch *Höring*, DStZ 2015, 835, 840; *Höring*, DStZ 2012, 367, 374; *Höring*, Haufe-Online vom 05.08.2015 zum Investmentsteuerreformgesetz, abrufbar unter: http://www.haufe.de/steuern/gesetzgebung-politik/investmentsteuerreformgesetz/investmentsteuerreformgesetz-einleitung_168_314344.html; *Höring*, Haufe-Online vom 23.12.2015 zum Investmentsteuerreformgesetz, abrufbar unter: http://www.haufe.de/finance/steuern-finanzen/investmentsteuerreformgesetz/investmentsteuerreformgesetz-einleitung_190_317086.html.
[2] Siehe auch *Höring*, DStZ 2015, 835, 841; Siehe 2. Diskussionsentwurf des BMF zum Entwurf eines Gesetzes zur Reform der Investmentbesteuerung (Investmentsteuerreformgesetz – InvStRefG), Stand vom 21.07.2015, abrufbar unter: http://www.bundesfinanzministerium.de/Content/DE/Standardartikel/Themen/Steuern/Steuerarten/Investmentsteuer/2015-07-22-Diskussionsentwurf-Investmentsteuerreformgesetz%E2%80%93InvStRefG.html.
[3] Siehe Referentenentwurf des BMF zum Entwurf eines Gesetzes zur Reform der Investmentbesteuerung (Investmentsteuerreformgesetz – InvStRefG), Stand vom 16.12.2015, abrufbar unter: http://www.bundesfinanzministerium.de/Content/DE/Downloads/Gesetze/2015-12-17-investmentsteuerreformgesetz.pdf?__blob=publicationFile&v=2.
[4] Vgl. den Parallelfall in Österreich: *Lohr*, DStR 2004, 442, 446 zum Beschluss des Österreichischen Verfassungsgerichtshofs vom 11.03.2004, welcher in einer § 18 Abs. 3 AuslInvestmG entsprechenden Regelung einen Verstoß gegen die Kapitalverkehrsfreiheit sieht.

ten, wenn mit dem Ansässigkeitsstaat des intransparenten Fonds eine abgesicherte Amtshilfemöglichkeit oder alternativ ausreichende investmentrechtliche Berichts-, Prüfungs- und Offenlegungsobliegenheiten bestehen. Ultimativ und abschließend wird in Bezug auf § 18 Abs. 3 AuslInvestmG der BFH (trotz des Urteils des EuGH, das die Anwendung der Stillhalteklausel des Art. 64 Abs. 1 AEUV im Zusammenhang mit der Pauschalbesteuerung von intransparenten ausländischen Fonds bejaht) zu befinden haben.

Literatur

Höring, Johannes, Der Diskussionsentwurf zum Investmentsteuerreformgesetz („InvStRefG"), DStZ 2015, 835–848.

Höring, Johannes, Die Neukonzeption der Investmentbesteuerung, DStZ 2012, 367–375.

Lohr, Jörg-Andreas, Aktuelles Beratungs-Know-how Besteuerung von Kapitalvermögen, DStR 2004, 442–446.

The manufacturer's authorised representative in the EU is Springer Nature Customer Service Centre GmbH, Europaplatz 3, 69115 Heidelberg, Germany. If you have any concerns regarding our products, please contact ProductSafety@springernature.com

Printed and bound by CPI Group (UK) Ltd, Croydon, CR0 4YY

23/03/2026

02076460-0004